山西省哲学社会科学规划课题：《山西农村"内置金融"实验研究》（2018B218）

| 国 | 研 | 文 | 库 |

城乡社会变迁下的村落与村民

元剑 ———— 著

光明日报出版社

图书在版编目（CIP）数据

城乡社会变迁下的村落与村民 / 元剑著 . -- 北京：
光明日报出版社，2021.6

ISBN 978 - 7 - 5194 - 6088 - 4

Ⅰ.①城… Ⅱ.①元… Ⅲ.①村落—研究—中国

Ⅳ.①K928.5

中国版本图书馆 CIP 数据核字（2021）第 091010 号

城乡社会变迁下的村落与村民

CHENGXIANG SHEHUI BIANQIAN XIA DE CUNLUO YU CUNMIN

著　　者：元　剑

责任编辑：刘兴华　　　　　　　　　责任校对：傅泉泽
封面设计：中联华文　　　　　　　　责任印制：曹　净

出版发行：光明日报出版社

地　　址：北京市西城区永安路 106 号，100050

电　　话：010 - 63169890（咨询），010 - 63131930（邮购）

传　　真：010 - 63131930

网　　址：http：//book. gmw. cn

E - mail：liuxinghua@ gmw. cn

法律顾问：北京德恒律师事务所龚柳方律师

印　　刷：三河市华东印刷有限公司

装　　订：三河市华东印刷有限公司

本书如有破损、缺页、装订错误，请与本社联系调换，电话：010 - 63131930

开　　本：170mm ×240mm

字　　数：195 千字　　　　　　　　印　　张：16

版　　次：2021 年 6 月第 1 版　　　　印　　次：2021 年 6 月第 1 次印刷

书　　号：ISBN 978 - 7 - 5194 - 6088 - 4

定　　价：95. 00 元

代序：农村变迁问题的研究视角

张伟兵

《城乡社会变迁下的村落与村民》一书即将付梓之际，元剑同志嘱我作一篇序。我想，那就借此机会谈一谈自己对农村变迁问题研究视角的看法吧。

近年来，为了完成一项国家社科基金项目的研究任务，包括我和元剑同志在内的研究团队调查了山西省东南部的许多村庄。我们的普遍发现是，目前在全国各地屡屡发生的撤村并居、农民"上楼"现象，绝不仅仅源于外部力量的强势推动，村庄内部和村民内心也涌动着一股村庄改造的强大潮流。而以往的类似研究，常常把重点放在外部力量对村庄的干预上，相对忽略了农村内部蕴含的城乡融合动力。

具体来看，针对村庄撤并、城乡融合与新农村建设的关系等现象，学界目前主要流行着两大研究视角：一是"城乡统筹视角"，二是"乡村建设视角"。

"城乡统筹视角"的宗旨在于强调工业化、城镇化的辐射带动效应和农业、农村现代化的必然趋势，强调新型城镇化与新农村建设的内在关联。新型城镇化自上而下地将城镇系统延伸到乡村系统之中，而新农村建设自下而上地将村庄整合到城镇体系之内，新型城镇化和新农村共同构筑起新型城乡体系。在这样的理论宗旨下，撤村并居、建设新型农村社区、农民"上楼"和集中居住，可以有效地提升农村公共服务和公共设施的供给水平，大力改善农民的生产生活条件，能够集约利用土地，发展现代新型农业经营体系。村庄搬迁和改造是贯彻国家新农村建设战略、顺应工业化和城镇化的要求、实现城乡一体化的表现形式和最高境界，代表了农村发展的正确方向和必然趋势。与此针锋相对，"乡村建设视角"的研究则认为，当今农村面貌和农民生产生活方式的急剧变化并不意味着福音，相反，村庄迁移和农民集中居住提高了农民的生活成本，拆迁过程中的利益分配不公和风险累积引发了社会矛盾和群体性事件，造成了"失去庭院的农村、被城市化的农民、无保障的农业"。更重要的是，农村城镇化严重忽视了村庄的价值和前途，摧毁了乡村文明和中华文化的根脉，削弱了村庄作为劳动力蓄水池、社会稳定器的作用，对中国的现代化进程是不利的。因此，不能不顾中国国情，强力推进城镇化，把村庄的搬迁和撤并当作消灭农村和农民的手段。

以上两种视角指出了农村发展的截然不同的方向，而且都着力援引相关案例为自己的立场进行了辩护。不过，就我们的实地调查来看，这两种视角在分析村庄搬迁和城乡融合问题上存在着很大的局限。

先谈"乡村建设视角"。"乡村建设视角"力图展示随着外部力量介入村庄，因土地、房屋等产权属性的变更和农民利益受损，如何触发了群体性事件、社会冲突和农民的抗争。然而，尽管不能排除政府和开发商的一些不公正行为引发了农民的抗争，但更值得反思和警觉的问题是，在土地征收、村庄撤并过程中，被拆迁农户借助信访和媒体、网络的力量试图把事情"闹大"，建构出农民的"弱势形象"，主要原因在于农户的利益诉求（包括"钉子户"的一些过分、不合理要求）得不到满足。换言之，农民是在为自己的私利而抗争，而不是为公共利益以及为乡村的前途、命运在奋斗。农民谋利行为的事实提醒我们，以"乡村建设视角"来研究当前的村庄撤并可能并不恰当。因为这一视角预设了国家与社会的二元对立，预期农民为了保卫自己的家园会自觉抵制强势的国家和各种外部力量。但现实中，农民更关心的是村庄搬迁中的利益博弈和利益分配。不能说农民对祖祖辈辈生活的村庄没有感情和留恋，然而，如果觉得补偿到位或者认为搬迁能给后代子孙提供更好的发展机遇，农民则会主动或在"随大流"的心态影响下选择离开村庄。

接下来讨论"城乡统筹视角"的特点。首先，"城乡统筹视角"重在强调外部力量对村庄的干预和规划，而对当事人的感受、价值理念和行为取向分析不足。其次，"城乡统筹视角"偏重于宏观分析，重在展示村庄的发展趋势和城镇化的辐射效应，对村庄内部关系的变动、搬迁政策如何及被执行等过程和机制分析不足，难以刻画和再现复杂的村庄变迁过程。最后，在价值立场上，"城乡统筹视角"虽然也重视村庄变动中的矛盾因素，但基本上是在一个乐观的氛围中看待村庄搬迁的，认为村庄搬迁对于农民来讲总体上是一个福利改善的过程。如果说"乡村建设视角"预设了国家与社会的二元对立，"城乡统筹视角"则恰恰相反，预设了国家与社会的高度一致。

须知，村庄迁移是一个相当复杂的事件，判断村庄迁移是否成功，既要分析搬迁过程中的利益分配和利益平衡，更要评估搬迁之后农民生活状况的变化，既不能简单地以乐观的估计来说明现行政策的合理性和前瞻性，也不能以悲观的态度看待农民的抗争及由此可能引发的社会冲突。鉴于此，我们一致认为，应该采用"村庄主位视角"的研究范式，试图在一个较为中性和客观的立场上，既不简单地预设国家和社会对立，也不笼统地假定国家和社会一致；既不回避村庄搬迁过程中的矛盾和冲突，也对村庄搬迁之后的空间重组进行慎重讨论。显然，"村庄主位视角"立足农民的身份和立场，用农民的眼光来观察和评论发生的种种事件。总之，"村庄主位视角"试图深入村庄内部，站在当事人的立场，详细描绘村民的感受、争执以及最终做出的选择，展示复杂、生动的村庄搬迁过程和画面，揭示当今城乡融合的内部动力和未来可能出现的隐患。

元剑同志的这部作品，正是立足于村庄主位视角，以多个村庄的动迁案例为背景，具体展示农民面对搬迁的心态、村庄迁移的内在动力，以及村庄搬迁后聚落社区空间重构对农民生产生活、社会关系、文化记忆等方面的影响。当然，由于研究出发点的不同，书中没有对农村未来变迁的走向进行判断。我本人认为，农村进一步变迁的重点方向有两个：一是城镇安置小区里的村庄共同体建设；二是未撤并村庄的乡土重建。无论哪一种，考虑到未来中国城乡人口的分布状况以及维护粮食安全和文化多样性的重要性，农村都应该有它的价值和前途。我们既要关注迁居城镇的村庄的未来，也要积极探索未撤并村庄的明天。

目 录
CONTENTS

第一章

城乡融合背景下的"撤村并居"研究述评

与乡土中国相比，在城乡中国阶段，农民与土地、与村庄的关系均发生了根本性变化；与此相对应，农业发展方式、村庄的演化也出现了重大转变。① 城乡建设用地"增减挂钩"政策及其带来的撤村并居、农民上楼等现象，正是在这个大背景下产生的。十余年来，国内学者对此现象已做了大量研究，本章力图对相关成果进行归纳性陈述与评价，为后续研究工作提供文献的"打包"及思路的总结。

第一节 "撤村并居"的基本动力机制

改革开放40多年来，农村的建设和发展经历了不同阶段，每一阶段都有不同的动力机制在主导和制约着一项又一项重大事件的产生和演变。从一般意义上说，影响某一事件的动力机制往往并非单一化的，而是多个机制共同作用的结果。"撤村并居"现象，当然也不会成为一个例外。

---

① 刘守英，王一鸽. 从乡土中国到城乡中国——中国转型的乡村变迁视角 [J]. 管理世界，2018，34（10）：128－146，232.

一、土地财政与城乡建设用地"增减挂钩"

寻找一套不同于西方发达国家和拉美等发展中国家的、适合中国国情的农业发展理论，或者开辟一条真正满足广大农民需求的农村发展道路，是致力于"三农"问题研究的学者们长期以来的迫切愿望与不懈追求。在中国特殊的社会发展和经济增长环境下，任何时候都不能抛开工业化与城市化模式所面临的问题去讨论如何维护农民权益，如何改进农村治理，如何保障农业可持续发展。而当我们把工业化、城市化和"三农"问题放在一起观察时，土地，无疑是其中任何一项都无法绕开的核心内容。

"土地为财富之母，而劳动则为财富之父和能动的要素"①，马克思在《资本论》中曾引用古典政治经济学创始人威廉·配第（William Petty）的这一名言，为他的劳动价值论做了鲜明的注脚。即使在《赋税论》发表300多年后的今天，土地资源要素和人口资源要素仍然密切相关并共同创造着国民财富。在中国人地关系高度紧张的国情现实和城乡二元结构体制矛盾的双重制约下，土地首先以基本"生存资料"的形式在8亿农民中进行平均分配②；然后借助农民的劳动，以农业"生产资料"的形式向城乡市场供应粮棉油肉蛋奶等农副产品，满足14亿中国人的物质需求和安定需求——是为农民的传统生计模式和农业的基本功能体现。从20世纪80年代至今，伴随着中国独特的"渐进城镇化"模式，农民开始自主且稳妥地安排进城节奏，在逐渐获得在城市就业和居住权利的同时，继续在农村

---

① 威廉·配第. 赋税论［M］. 陈冬野，等，译. 上海：商务印书馆，1978：66.

② 温铁军. 制约"三农问题"的两个基本矛盾［J］. 经济研究参考，1996（D5）：17－23.

享有获得农业生产生活资料的身份——所谓"进可自由进城、退可顺利返乡",或至少保证青壮年劳力留在城市,中老年劳动力回到农村,形成以代际分工为基础的半工半耕生计模式。① 如此不难发现,无论对于传统生产生计模式,还是"渐进城镇化"过程中形成的半工半耕生产生计模式来说,"土地"一词,在成为最广大农民生活保障"压舱石"的同时,也天然地构筑起中国粮食安全和社会稳定的坚实大坝。

　　土地既是农业的最主要生产资料和农民的最底线生活保障,也是政府的重要收入来源。政府土地收入依照获得方式的不同可分为两大块:一块是与土地有关的税费收入(包括与土地直接相关的土地使用税、土地增值税和与土地间接相关的由建筑企业、房地产企业上缴的税金,以及土地管理部门征收的各项费用),另一块则是土地出让金(指土地以拍卖、协议等方式出让之后地方政府的总所得)。始于 1994 年的分税制改革令中央政府有效地"挤压"了地方政府的预算内收入(税收收入)②,同期进行的预算制度改革又无意中"激励"着地方政府努力扩大预算外收入和非预算收入(主要是土地出让收入)。在"挤压"和"激励"双重效应的作用之下,地方政府对土地开发的热情迅速升温,就显然成了一件顺理成章的事情。③ 此后的 20 多年时间里,土地出让金源源不断地流入地方政府的"腰包"。据统计,2001 年全国土地出让收入为 1295.89 亿元,2011 年已增至

---

① 夏柱智,贺雪峰.半工半耕与中国渐进城镇化模式 [J].中国社会科学,2017(12):117-137,207-208.

② 注:被中央政府"挤压"的税收收入主要是以增值税为代表的主体税种,而以营业税为代表的非主体税种则划归了地方。由于建筑业和房地产业恰恰是营业税的上缴"大户",从这个意义上说,营业税也大体属于土地财政的一部分。

③ 周飞舟.生财有道:土地开发和转让中的政府和农民 [J].社会学研究,2007(01):49-82,243-244.

3.15 万亿元,十年上涨了 23 倍,年均增幅高达 37.6%①;此后增幅虽有所放缓,但仍以年均 10.9% 的速度上涨②,2018 年,全国土地出让收入达 6.5 万亿元,再次刷新历史纪录。③ 不断走高的土地出让金、令人咋舌的房地产价格,与低廉的土地征用开发成本形成了鲜明的对比。所谓"经营城市",本质是在"经营土地"。

　　面对地方政府为推动城市化进程而持续强化的征地冲动,以及大量农业用地变为城市建设用地的现实状况,为了保护耕地和保障粮食安全,《土地管理法》专门规定了实施建设占用耕地的"占补平衡"制度。④ 可是,这项制度在具体实施过程中,却被地方政府以"先占后补""占多补少""占优补劣"的名目大钻法律的空子,在一些生态环境脆弱的地区或环境保护区,占补平衡还对生态环境造成了破坏,中央通过指标控制来规范城市建设用地占用耕地的努力迅速失效。⑤ 为了扭转此种尴尬的局面,国务院于 2004 年颁布了《关于深化改革严格土地管理的决定》⑥,开始有意识地引导地方政府将获取城市建设用地的方向由耕地转向农村集体建设

---

①　刘守英,周飞舟,邵挺. 土地制度改革与转变发展方式［M］. 北京:中国发展出版社,2012:1.

②　注:此处的 10.9% 增幅是以 2011 年为基准年份计算的,若以 2001 年为基准年份,年均增幅高达 25.9%。

③　中华人民共和国财政部. 2018 年财政收支情况［EB/OL］. 中华人民共和国中央人民政府官网,2019 - 01 - 23.

④　见《中华人民共和国土地管理法》第三十一条:"国家实行占用耕地补偿制度。非农业建设经批准占用耕地的,按照'占多少,垦多少'的原则,由占用耕地的单位负责开垦与所占用耕地的数量和质量相当的耕地;没有条件开垦或者开垦的耕地不符合要求的,应当按照省、自治区、直辖市的规定缴纳耕地开垦费,专款用于开垦新的耕地。"

⑤　唐菊华,吕昌河. 我国城市化过程中实施耕地占补平衡的问题与对策［J］. 安徽农业科学,2008(09):3837 - 3839,3902.

⑥　中华人民共和国国务院. 关于深化改革严格土地管理的决定:国发［2004］28 号［A/OL］. 中华人民共和国中央人民政府官网,2008 - 03 - 28.

用地（包括村民宅基地、农村集体公益性建设用地和经营性建设用地）。一年后，国土资源部又相继研究制定并出台了《关于规范城镇建设用地增加与农村建设用地减少相挂钩试点工作的意见》① 和《城乡建设用地增减挂钩试点管理办法》②，城市建设用地和农村建设用地在"此增彼减"的逻辑关系作用下，终于"挂起钩"来了。

对这个政策核心的理解，几句话就可以说清：政府首先将城镇建设用地与农村建设用地在面积数量上直接挂钩；如果农村能够把以宅基地为主的建设用地经过整理、复垦，增加了耕地（即在用途上将建设用地变更为耕地），城镇便可以相应增加同等面积的建设用地。③ 当然，城镇所增加的建设用地来源，正是位于城镇周边原先用于种植粮食作物的耕地。如此一来，在耕地总面积保持不变、18 亿亩红线不曾突破的前提下，城镇"凭空"新添了可供开发的大片土地。

那么，关键的一点是，怎样才能缩减农村建设用地并把它变成耕地？很简单，通过"撤村并居"或"合村并居"，将整个村庄的农民，从传统的农家平房院落集体搬迁至同城镇居民住房一样的楼房里就行了。于是，一场"古今中外、史无前例"的和平时期大规模村庄撤并运动在全国范围内展开，无数村庄被平复，无数农民"被上楼"。

---

① 中华人民共和国国土资源部. 关于印发《关于规范城镇建设用地增加与农村建设用地减少相挂钩试点工作的意见》的通知：国土资发［2005］207 号［A/OL］. 中华人民共和国自然资源部官网，2017 - 02 - 06.

② 中华人民共和国国土资源部. 城乡建设用地增减挂钩试点管理办法：国土资发［2008］138 号［A/OL］. 中华人民共和国自然资源部官网，2009 - 03 - 02.

③ 张颖举. 农民集中居住建设热下的冷思考［J］. 江苏农业科学，2011，39（05）：537 - 540.

这，便是在政府主导下，以行政力量推动农民集中居住的新型动力机制之一。

二、城乡融合：传统社会向现代社会过渡的必然选择

如果说，土地财政与城乡建设用地"增减挂钩"属于农民集中居住的行政动力机制；那么，当新型城镇化建设推进到一定程度，城市和乡村之间逐步消除差异、走向融合的城乡统筹发展则属于村庄撤并的社会动力机制。

中国的传统村落是建立在自给自足基础上的独立乡土空间。这种自给自足不仅体现在生产和生活等方面，也体现为一般的公共问题，只需依赖自有资源和自组织秩序就能得到较好的解决。当这一自我维持系统中的多个环节发生了损坏，村庄的自主性便注定难以继续维持。[1] 在当前乡土中国已转型为城乡中国的大背景下，城乡间的互动越来越频繁，村庄的独立主体地位越来越弱化，相应地，与城乡融合相伴随的市场机制也在根基上动摇着村落内部的人际关系与秩序机制，理性化与契约制将成为村民们普遍接受的社会规则。各类城中村或城市周边村落的解体以及中西部多数乡村的"空心化"已经证明或正在证明着上述事实。因此，如果简单地留恋于对传统村落的诗意想象，试图恢复拥有独立乡土空间的村庄，既脱离于社会现实，也违背了社会发展的一般规律。

城市化，是人类经济发展和社会进步的必然产物和重要标志。然而，考虑到中国的独特国情——遍布国土的无数村庄、数量庞大的农村人口、

---

① 刘伟. 论村落自主性的形成机制与演变逻辑 [J]. 复旦学报（社会科学版），2009（03）：133-140.

人均极其有限的耕地，以及各地乡村的明显差异与发展不均衡，如果集中精力和资源去搞所谓"立竿见影"和"一刀切"式的快速城市化，一方面令人在心理上难以接受，另一方面又将严重伤害那些传统资源保留得比较丰富的村落。同时，对于能够在市场竞争中保持较强综合治理能力的、集体经济较发达的村庄，也会造成不可忽视的消极影响。

中国农村与城市的差距远远大于西方发达国家，在相对落后的农村，接受过高等教育的大学生毕业后几乎没有人想着回乡，稍有能力和勇气的村民通常都会选择离开。但由于城市承载力有限，乡村人口不可能全部拥入城市，那种单纯依靠城市吸纳乡村剩余劳动力的想法是根本无法实现的。故此，最适合中国国情的城市化道路应该是"形成工农互促、城乡互补、全面融合、共同繁荣的新型工农城乡关系"① 的前提下，踏着逐渐缩小城乡差别的步伐，以实现统筹发展要求下的城乡融合。

农民集中居住的问题，恰恰是在大力推进城乡一体化的背景下出现的。在从传统社会向现代社会过渡的进程中，这也许是历史的不二选择。我们所要关心的，并不是它应不应该出现，而是如何去正确引导、因地制宜、量力而行。②

三、利益多元：来自民间的正反双动力

"撤村并居""合村并居"，或者其他各种形式的农民集中居住，其主导方多为地方政府，但是，在行政力量推动甚至强制农民集中居住的过程

---

① 新华社. 中共中央 国务院关于建立健全城乡融合发展体制机制和政策体系的意见［EB/OL］. 新华网，2019 - 05 - 05.

② 叶继红，庄晓丹. 城乡一体化进程中农民集中居住问题研究述评［J］. 贵州社会科学，2011（01）：94 - 97.

中，必然能够感受到来自民间的相应动力。这其中既包括符合政府意愿的正向推动力，也包括对此持反对意见和排斥行为的反向阻力。

民间正反两方动力的形成和强弱对比，需要站在当事人的立场，理解村庄集体和农户个体对于集中居住可能导致的利益增加或利益受损的预期与估量。由于集中居住会对现有的行政建制、权力分配、债权债务、居住环境、生产生活成本、村风民俗等产生巨大且深远的影响，即使是处于同一地域的村庄集体与农户个体，其利益取向也迥然有异，由此形成的多元化利益诉求是导致他们对集中居住态度不尽相同的原因。①

（一）乡村治理方面

治理水平较低、基层民主制度不完善的村庄一般会对集中居住表示欢迎，村民普遍希望通过整合现有领导班子或成立新的领导班子，以改变过去的管理混乱局面；而治理水平较高的村庄往往担心与其他村庄的合并将导致人员构成复杂、管理难度增大，从而对集中居住持反对态度——毕竟，"船小好调头"，来自民间谚语的智慧与现代管理理论关于管理幅度②的研究，不约而同地赞同这一论断。

（二）经济利益方面

情况复杂，非几句话所能说清。如果简单地将村集体和村民个体的利益看作一个整体进行考量，经济发达村庄的村民普遍认为集中居住是向城市生活靠拢，日常起居将变得便利快捷，但又担心接手落后村庄的债务而

---

①　张秀吉．农村社区化建设中的利益多元与治理——以齐河县农村合村并居为例［J］．山东社会科学，2011（02）：86-90.

②　注：管理幅度又称管理宽度，是指领导者直接有效地管理下属的数量。一般来说，在其他条件保持不变的情况下，管理幅度与组织的规模成正比，而随着管理幅度的增大，管理的有效性会相应降低。

令本村承担不必要的包袱；欠发达村庄的村民心理同样是矛盾的，他们既希望改善目前落后的生活条件，又对难以负担高额的购房、搬迁费用以及未来上升的生活成本而感到无比忧虑。此外，如果是政府主导的"撤村并居"或"合村并居"，村民还会通过盘算政府的补偿是否"到位"，而对集中居住投赞成或反对票。

（三）安置保障方面

早期的农民集中居住，多带有自发性质，如江苏、上海等经济发达地区在 21 世纪初就出现了因快速城镇化导致的农村"空心村"现象，当地基层乡镇为解决这一问题，开始尝试引导农民集中居住——有学者称之为"小规模并村试验"。① 由于这些地方的非农经济已经得到了长足发展，农民的收入来源与就业渠道多以外出务工或从事小生意、小买卖为主，集中居住过程中基本没有遇到安置保障方面的困惑。然而，当各地政府为推行耕地"占补平衡"及后来的城乡建设用地"增减挂钩"政策，将撤村并居的触角延伸至农耕文化的"神经末梢"——非农经济不发达的中西部地区乡村后，失地农民的长期安置与社会保障难题，一下子变得尖锐起来。一方面，政府很难将农民纳入与城市居民相同的社保体系与公共就业服务体系；另一方面，即使政府能够在创业扶持、就业推荐、技能培训等方面为农民提供便利条件，农民仍然面临着角色转换不顺、重新学习困难之类的高昂时间成本与心理成本；更何况，农民在重新就业和上岗工作的过程中免不了与城市的各种科层组织、社会机构打交道，这对习惯了"熟人社

---

① 郑凤田，傅晋华. 农民集中居住：现状、问题与对策［J］. 农业经济问题，2007（09）：4－7，110.

会"处事法则的他们来说,必然属于全新的挑战。① 农民在这个问题上的纠结,往往更甚于对短期经济利益的盘算。

（四）社会习俗方面

乡村的秩序维持系统是在长期历史进程中,依靠天然形成的内部传统实现的自我整合,对人们行为的规范和约束主要靠乡风礼俗与人情习惯。费孝通先生将其形象地称为生于斯、死于斯的"熟悉"的社会,没有陌生人的社会。② 在这样一个熟人社会里,人人都是互相熟知和了解的,身边的每一位乡邻,都是属于自己在村庄结构内部能为个人行动提供便利的"社会资本";"社会资本"的强弱,"决定了人们是否能够实现某些既定目标"。③ 尽管随着青壮年劳动力大量流入城市,逐渐空心化的熟人社会变得越来越"无主体",呈现出舆论失灵、面子贬值和社会资本流散的特征,但进城务工人员总会周期性地返乡,更何况留在村里的人仍然生活在守望相助的熟人圈中。④ 于是,与城市生活类似的集中居住即将打破这一牢固的社会结构时,多数村民会下意识地产生抵触情绪;即使不得不顺应"潮流"搬入新的社区,却发现原先拥有的社会资本变得越来越弱化,加之短期内无法适应类似城市居民的生活方式,对合村并居的种种怨言,也就不难理解了。

---

① 叶继红. 城郊失地农民的集中居住与移民文化适应［J］. 思想战线,2010,36（02）: 61-65.
② 费孝通. 乡土中国［M］,北京:生活·读书·新知三联书店,1985:4-5.
③ 詹姆斯·S. 科尔曼. 社会理论的基础［M］. 邓方,译. 北京:社会科学文献出版社, 2008:370.
④ 吴重庆. 从熟人社会到"无主体熟人社会"［J］. 读书,2011（01）:19-25.

第二节 对村庄撤并及农民聚居的不同意见

围绕着是否应该"撤村并居"或"合村并居"以及由此直接带来的农民集中居住现象,大致有积极赞成、坚决反对、不能"一刀切"三种不同的声音。

一、积极赞成说

对农民集中居住持赞成态度的人士,主要基于农民谋生手段非农化、生活追求便利化、宗族观念淡薄化、传统村庄空心化等现实考虑,认为集中居住有以下几方面的积极作用。

(一)破解人地矛盾

中国"三农"问题的核心在于人太多、地太少,人均可利用的土地资源有限,配以散居在广袤国土上的农民,导致土地的利用效率过低。另一方面,随着进城务工的农民越来越多,土地撂荒与农村宅基地空置现象非常严重。解决该问题的最主要途径在于城市化,但农业人口快速拥入城市势必引发严重的社会问题。事实上,"迁移的城市化"远不如"就地的城镇化",应将农民的居住空间进行合并,随着并居规模与人口密度的增大,合并后的农村社区就可以渐渐成为小城镇,同时节约出大量土地用于耕作和建设。如此一来,人地矛盾将从根源上得到破解。①

---

① 王丙川,龚雪. 合村并居的必要性与可行性分析——基于山东省潍坊、德州、济宁等地的考察分析 [J]. 山东农业大学学报(社会科学版),2010,12(03):61-65.

(二) 降低公共成本

从经济学角度来讲，公共基础设施与公共组织服务达到一定建设程度之后，边际成本是趋近于零的。而我国的小型甚至微型村庄数量极多，它们的基础设施建设成本、公共产品供给成本以及村级组织运转成本根本无法形成规模效应，导致村庄的基础负担极重；加之取消了村提留与乡统筹，小村庄的集体收入极其微薄。收入支出的倒挂，令村庄的管理举步维艰，成为制约农村发展的瓶颈。而打破瓶颈的有效方法，就是合村并居。①

(三) 实现规模经营

在城乡建设用地"增减挂钩"政策的引导下，农民集中居住为各级政府节地挖潜、增加耕地面积、提高耕地质量提供了一个有效的路径。具体表现为农民集中居住能够节余出数量可观的宅基地，这些宅基地经过整理、复垦之后，地方政府辖区内的耕地面积实现了增加。与此同时，农民上楼居住后很难继续从事农业劳动，于是大多将自家承包的分片土地流转给种粮大户或农业生产合作社，这种被动性的农地规模化流转在事实上打破了小农经营的格局，一定程度上实现了农业的产业化经营，有利于提高农业的经济效益和抵御市场风险的能力，从而促进农业现代化。②

"三农"问题专家李昌平可谓上述观点的集大成者，他甚至断言："土地增减挂钩"是有史以来最好的农村发展政策，"撤村并居"是农民和基层政府遵循经济和社会发展规律的理性选择。这项政策不仅突破了城镇建

---

① 鲁鹏. 合村并居：中国农村发展的大趋势 [J]. 山东省农业管理干部学院学报，2010，27 (04)：3.
② 张颖举. 农民集中居住建设热下的冷思考 [J]. 江苏农业科学，2011，39 (05)：537-540.

设的用地瓶颈，也是激活农村内在的巨大潜力、统筹城乡协调发展的大手笔。①

二、坚决反对说

对农民集中居住持反对态度的学者，主要理由来自如下几方面。

（一）抵触法律相关规定

《中华人民共和国宪法》第十条第二款明文规定："农村和城市郊区的土地，除由法律规定属于国家所有的以外，属于集体所有；宅基地和自留地、自留山，也属于集体所有。"农民对于宅基地的所有权和使用权，不容任何单位和个人肆意侵犯，地方政府未经农民允许便大规模实施"撤村并居"或"合村并居"，其行为大有违宪之嫌疑。②

（二）损害农民既有利益

首先，农村宅基地属集体所有、家庭使用，是农民的现实财产，而集中居住只能为农户提供一套"小产权房"——实际是农民以具有独立产权的宅基地换取到的没有产权的住房。在农村宅基地确权登记工作基本完成的今天，拿已经申领或能够申领《不动产权证书》的宅基地换来一至两套无产权住房，农民的财产损失显而易见；其次，与传统平房院落相比，在楼房居住需要支付高昂的物业管理、水电气暖等费用，大幅提高了农民的生活成本并加以固化。最后，集中居住并不能直接为农民提供非农就业渠道，他们中的大多数仍旧需要依靠土地为生，村庄撤并却令耕作、养殖等

---

① 李昌平，马士娟，曹雅思. 对"撤村并居"、"农民上楼"的系统思考［J］. 中国党政干部论坛，2011（03）：33－36.
② 范进. 农民"上楼"背后的法理思考［J］. 法制与社会，2011（03）：207.

一系列农活变得极为不便，无形中增加了农民的生产经营成本。

（三）违背农业基本规律

农业的基本生产资料是土地，劳动对象是农作物，作物的生长受制于水分、土壤、气候、肥料等条件。这种鲜明的生态属性，决定了农业生产规律的基本格局。农民生活方式的选择，正是在适应农业生产规律的过程中形成和发展起来的。① 如果人为地强制改变这种生活方式，必然会违反农业的基本规律。事实上，真正的农民并不适合集中居住。② 对"三农"的实际特点不加考虑，将农民聚合在一栋栋楼房里，长此以往，后果可想而知。

（四）削弱乡村治理能力

表面上看，合村并居减少了干部的数量，降低了相应的报酬支出，从而缓解了农村财务压力，但村干部管理范围的扩大却无形中增加了对基层情况的了解难度，在组织公共设施建设、发展社会生产等方面明显力不从心③；再往深一层观察，合村不仅是空间和人员的合并，还包括了集体资产与负债的合并，处理难度极大且一旦处理不当很容易破坏村民对村集体的信任，使长期以来形成的集体认同感降至最低。最终结果将会严重削弱村民自治的组织体系和治理能力。④

（五）破坏乡村文化风貌

乡村文化是历经数千年形成的简单慵懒的生活方式和平淡宁静的生活

---

① 朱启臻. 农业社会学［M］. 北京：社会科学文献出版社，2009：23.
② 党国英. 不可盲目推行"大村庄制"［J］. 村委主任，2009（12）：11.
③ 廖瑀. 村庄合并对村级组织的负面影响——以成都市郊赛驰村为例［J］. 中国乡村发现，2007（04）：45 - 48.
④ 贺雪峰. 合村并组 遗患无穷［J］. 调研世界，2005（11）：32 - 33.

态度，是扎根于国人骨血里的文化素质。虽说它略显消极和滞后，但绝不能被排斥和消灭，应在不断的碰撞与成长过程中与现代工业文明相互交融。可以说，保护乡村文明中的积极部分，对于整个中华文明的传承、延续、发扬，有着不可估量的价值。① 然而，撤村并居却在根源上破坏甚至毁灭着这一承载了中国人传统自信心的文化模式。"以让农村消亡的中国城市化不是历史的必然，而是历史的走偏"②，从这个意义上说，但愿我们不要成为历史的罪人。

三、认为不能"一刀切"者言

中国幅员辽阔，各地的情况千差万别，即使再完美的政策，具体推行和实施时也应该遵循自然的、循序渐进的原则，更遑论农民集中居住这样一个很不完善、争议极大的政策了。因此要本着因地制宜和实事求是的精神，以农民的需求和愿望为基础，综合考虑农民生产生活的实际情况及其适应能力和接受过程，避免"一窝蜂"似的短期行为，更不能搞"一刀切"和模式化。③

高灵芝等（2011）通过对山东省平原、昌乐两县进行的实地调研，提出具体情况要具体对待，城市郊区和乡镇周边地区可以考虑合村并居，村庄比较密集的纯农业区可考虑只合村不并居，而放在全国范围内，应主要以原行政村为基础进行农村社区建设，既不"合村"也不"并居"，搞所

---

① 黄建. "大村制"改革的背景、争议与逻辑［J］. 桂海论丛，2012，28（01）：111 - 114.

② 张孝德. 三种力量正在推动中国乡村文明的终结［N］. 中国经济时报，2011 - 3 - 24.

③ 田珍、秦兴方. 基于农民视角的集中居住政策选择——以扬州市为例［J］. 学海，2011（01）：110 - 114.

谓"一村一社区"更具有普遍意义。①

孙晓中（2010）则将村庄分为四种类型：位于城市近郊或城市建成区内的农村居民点集中建设整理的可行性最高；位于或临近县城和经济强镇的农村居民点集中建设整理的可行性低于前者；受地形限制和传统耕作习惯影响形成的小规模散居村庄，集中建设整理可行性不高，可逐步缓慢展开；位于自然环境条件恶劣的偏远农村居民点，应由政府主导异地迁移，并对搬迁后的老宅基地进行复垦或开发为其他用途的土地。②

司林波（2011）同样认为，应该区分城中村、近郊村、远郊村的不同特点，综合考虑各村地域特点、经济实力、资源现状、居民生产生活习惯和各种历史及现实问题，本着有利于农村生产生活的原则，有计划、有步骤地稳步推进。对于不种地的农民可以建楼房集中居住，但对于纯农区则不适合搞集中居住。③

事实上，"撤村并居"的赞成者也不得不承认，尽管农民居住有其必要性而且是大势所趋，但目前在理论和实践上还很不成熟，在全国范围内开展并不符合实际承受能力。如李昌平等（2011）承认，由于作为村民共同体的村社集体已处于瓦解状态，农村没有了能够承担"撤村并居"任务的合法主体，只好把这项工作的主导权交于乡镇一级的基层政府，而乡镇政府为了迅速出政绩、改善财政状况，不得不与房地产开发商共谋，形成"官商勾结"和官员腐败的诱因；此外，城郊村、生态保护村、文化村与

---

① 高灵芝、杨洪斌、王亚南. 山东两县合村并居及农村社区建设情况调查 [J]. 中国发展，2011，11（03）：53－60.

② 孙晓中. 我国农民集中居住整理模式的探讨与思考 [J]. 江西农业学报，2010，22（07）：192－195.

③ 司林波. 农村社区建设中"被城市化"问题及其防止 [J]. 理论探索，2011（02）：89－90，94.

传统古村落、经济发达村、特种农业村等村庄的建设用地非常宝贵，其未来价值不低于一般的城市建设用地，因此不宜开展"撤村并居"。[①] 张颖举（2011）也表示，各地集中报道的撤村并居和农民上楼的成功案例，大多位于城市近郊或非农经济发达的"江浙沪""珠三角"等地区，在城乡融合程度已达到较高水平的农村开展的这些试点，只能起到一定的示范作用，并不具有可复制性和全面推广价值。[②]

第三节　村庄聚合模式与实施方案的选择

根据规模效应理论，地方政府如果对数量众多、地点分散、规模太小的村庄进行扶持建设，将产生极高的管理成本与交易成本。[③] 于是，不论是出于"新农村建设"的目的，还是为了推行土地"增减挂钩"政策，当把众多规模过小的村庄聚合成一个大型新村，或者整体搬迁至某个新址，均能够有效地降低政府的管理成本与交易成本。

村庄的聚合模式与实施方案可以分别从布局规划、居住点建设与整理两方面分别展开讨论。

---

① 李昌平，马士娟，曹雅思．对"撤村并居"、"农民上楼"的系统思考［J］．中国党政干部论坛，2011（03）：33 - 36.
② 张颖举．农民集中居住建设热下的冷思考［J］．江苏农业科学，2011，39（05）：537 - 540.
③ 徐东云．浅析村镇建设中迁村并点的阻力［J］．中国城市经济，2012（02）：282，285.

一、村庄合并的布局规划思路

规划，是建设的灵魂，对建设起着先天性的指导作用。为了协调推进新型城镇化与新农村建设工作，必须坚持规划先行，充分发挥规划的引领、规范作用。然而，各地的村镇规划都存在这样或那样的问题，特别是村镇实际相脱节、注重模仿城市规划的现象比较突出。[①]　其中，村庄的布局规划是村镇规划的基本内容，而"撤村并居"或"合村并居"恰恰成为了村庄布局规划的难点所在。对此，国内多位学者均从所观察地区的实际情况出发，提出了各具代表性的规划意见或操作方案。

卞芸芸（2011）以集体经济发达、传统居住观念根深蒂固、村民具有较强属地意识的广东省佛山市乐平镇为例，根据村庄的发展类型、区位和生态环境等判定因子，将全部行政村和自然村分为确需迁并型、引导建设型、保留整治型三大类。其中，确实需要迁并的村庄可又分为四种：生态迁建型、城乡融合型、工程拆迁型和资源迁并型。通过实证研究指出，对于以上四种确实需要迁并的村庄，应遵循不同的规划原则，采取不同的规划策略，才能为规划的实施奠定良好的基础。[②]

李芹芳等（2008）在对村庄合并规划的积极意义进行肯定的基础上，以陕西省宝鸡市金台区为例，结合当地渭河断陷带地形构造复杂的特点，将村庄聚集模式分为线状聚集、放射状聚集、面状聚集以及点状分散四种类型，针对不同模式的地形差异和村落、农田、河谷分布态势，分别提出

---

① 徐光平."十二五"时期协调推进新型城镇化与新农村建设研究［J］.东岳论丛，2011，32（08）：156－160.

② 卞芸芸.镇域规划中的迁村并点问题初探——以佛山乐平镇为例［J］.城乡建设，2011（04）：29－30.

了适合实际情况的规划整治思路。按照该思路，根据国家技术监督局、建设部联合发布的《村镇规划标准》（GB50188－93）及当地政府的要求，制订了金台区 78 个行政村的合并搬迁方案。①

孙杨、代晓芳（2012）的研究着眼于城市水源地保护，规划将云南省安宁市车木河水库水源保护区附近对生态环境产生较大破坏的村庄整体迁出、重新选址、合并新建。此项研究在确定规划主结构的基础上，对新村道路、建筑布局、公共基础设施、景观环境等方面均进行了规划设计，具有较强的可操作性和实践指导意义。②

由于规划工作易受目的地条件的限制，一般不具备太强的可复制性，此外，部分规划依据的国家标准已显陈旧③，但现有的对村庄合并规划研究却为我们提供了正确的思路——村庄集中居住区的规划一定要结合本地区的实际情况，绝不可照搬照抄，且要与县域总体规划、乡镇体系规划做好衔接，统筹安排产业发展、基础设施、公共服务与居民点建设，确保规划的科学性与前瞻性。④

二、集中居住点的建设与整理模式

村庄合并的整体规划工作完成以后，为了保证待合并村庄或待迁入村

---

① 李芹芳，许晓婷，杨成斌，段刚.新农村建设中村庄合并规划研究——以宝鸡市金台区为例［J］.农村经济，2008（09）：32－34.

② 孙杨，代晓芳.新农村"迁村并点"村庄规划探究——以平地、香云庄新村为例［J］.安徽农业科学，2012，40（32）：15749－15750＋15780.

③ 注：旧版《村镇规划标准（GB50188－93）》颁布于 1993 年，新版《镇规划标准（GB50188－2007）》已于 2007 年颁布实施。

④ 刘雨辰.农村集中居住区建设中的难题及推进路径［J］.城乡建设，2012（05）：67－69＋4－5.

庄的村民的顺利入住,必须立即开展农民集中居住点的建设与整理工作。如果分步骤分项目地看,该项工作又是组织参与、资金筹集和建设作业的综合。①

学界关于农民集中居住点的建设与整理模式的研究较多,一般为结合地方特点进行的个案研究,由于观察着眼点不同,所总结出的相关模式种类也不完全相同,不过许多模式只在表面名称上有别,核心本质并无显著区别。大体上,可对农民集中居住点的建设与整理模式进行如下分类。

按照资金筹集及组织方式的差异,可分为政府主导型、政府与市场结合型、市场运作型和自主整理型四种。

按照建设整理前后农村居民点的空间形态变化,可分为村庄内部挖潜模式、村庄归并模式、农民公寓社区化模式和迁村腾地模式四种。②

根据集中居住点距离城市中心的远近程度,可分为城郊型集中居住社区、小城镇集中居住社区和中心村集中居住社区三种。③

根据被撤并村庄的流向,可分为升格小城镇、撤并到城镇、撤并到城乡产业园区、撤并到企业、撤并到中心村、撤并后组建新村或社区、整村改制为公司七种。

依照被撤并村与流向目标集体资产融合模式,可分为各自独立式、直接并账式、有分有合式、股份合作式、合作补偿式、变卖分配式六种。④

---

① 王海鸿,马琼. 甘肃省农村居民点用地整理分区及对策 [J]. 经济地理,2010,30 (12):2080-2085.

② 罗嘉明. 我国农村居民点整理研究综述 [J]. 安徽农业科学,2007 (07):2156-2157,2173.

③ 韩俊,秦中春,张云华,王鹏翔. 引导农民集中居住的探索与政策思考 [J]. 中国土地,2007 (03):35-38.

④ 付得前. 村庄撤并有哪些模式可以选择 [J]. 中国乡村发现,2010 (03):117-120.

依照与新型城镇化的关系，可分为城市辐射带动型、农业产业化推动型、村企一体化引领型和资源开发促进型四种。①

以上分类都是站在整体层面来看的，如果放到某一地区，则应根据当地的自然地理条件和社会经济发展条件，落实到符合实际要求的具体做法上来。如高灵芝和杨洪斌（2011）认为，城乡接合部的农民集中居住方案可模仿城市的标准建设公寓式住宅，中心村应先配套好社区公共设施再逐渐向城镇化方向努力，而经济发展相对落后、暂时不具备并村条件的偏远村庄，要把工作重心放在搞好行政服务延伸上面。② 元剑（2019）建议，在集体经济较为发达、基层政权治理能力较强的村庄，可以由村支"两委"牵头，组织村民开展自发性的撤村并居，如此既能改善传统农村的人居环境，也可避免因农民"被上楼"所带来的社会矛盾和问题。③ 张明锁等（2011）从村庄治理角度出发，强调要提升农村基层党组织的管理、教育与服务水平，构建"以大学生村官为依托，以农民合作组织为载体和以新型农村社区为平台"的农村社工队伍，以便在新农村社区建设的困境中积极发挥村民自身的主体作用，形成了不同于其他学者的独特见解。④

从学界的研究结论与各地的实践经验来看，做好农民集中居住点的建设与整理工作的关键在于，如何正确理解各类整理建设模式的特点和使用

---

① 唐皇凤，冷笑非. 村庄合并的政治、社会后果分析：以湖南省 AH 县为研究个案［J］. 社会主义研究，2010（06）：91－96.

② 高灵芝，杨洪斌. 山东两县合村并居及农村社区建设情况调查［J］. 中国发展，2011，11（03）：53－60.

③ 元剑. 集体经济支持下的村庄聚落重建——东掌村的乡村振兴试验［J］. 延安大学学报（社会科学版），2019，41（02）：79－86.

④ 张明锁，贺庆生，王豪，张瑞红. 新型农村社区建设的制约困境与突围路径分析——基于河南四市农村的实证研究［J］. 社会工作（学术版），2011（03）：8－14，7.

范围，如何结合居民点实际情况因地制宜地开展工作，如何灵活调整所采用的整理建设模式，使其更加人性化，兼顾经济效益与环境效益。①

第四节　"撤村并居"的实施效果与影响

一、"撤村并居"在宏观层面产生的积极成效

（一）增加建设用地供给，集约节约利用耕地

"撤村并居"的初衷便是一方面增加城市建设用地的供给，一方面解决"占补平衡"政策实施过程中所发现的耕地后备资源不足的问题。② 据调查，一个300户左右的村庄在迁并之后大约可节约出1/3的建设用地，全国由此可以节约出上亿亩土地。③ 从实际执行效果来看，合并后的新型农村住宅社区集中连片地开展规划和建设，提高了单位土地的利用率，再对搬迁农户腾出的原宅基地进行整理复垦为耕地，既增加了人均耕地面积，也有利于对耕地进行集约化、规模化经营。④

（二）优化基础设施建设，提高农民生活质量

村庄合并既有利于建设前的统一规划，也有利于改善基础设施，从而

---

① 孙晓中. 我国农民集中居住整理模式的探讨与思考 [J]. 江西农业学报，2010，22（07）：192-195.

② 张福君. 向"迁村并点"要土地——天津市"城乡建设用地增减挂钩"试点工作启示录 [J]. 国土资源，2009（04）：29-31.

③ 郑凤田. 迁村并居五种不良倾向剖析 [J]. 人民论坛，2010（30）：50-51.

④ 杨世松. 村庄合并是新型农村社区建设的一种选择 [J]. 河南商业高等专科学校学报，2009，22（05）：15-17.

提高农村居民的居住环境和生活质量。[①] 这是因为，对于水电气暖这类公共设施和服务来说，人口密度越大，边际成本越低。原先农村基础设施的落后，一个很重要的原因就是难以达到规模经济，而将分散在各个偏远地方的村庄合并后，就很容易做到了。[②]

（三）缓解财政供养压力，减轻农民负担

村庄合并之前，每个行政村都分别设有村党支部委员会和村民委员会组成的基层组织机构（即所谓村支"两委"），并由相应的乡村基层干部行使各项管理职权。这在一定程度上造成了村级组织运转成本较高，对基层财政和农民都构成了较重的负担。"撤村并居"或"合村并居"之后，原本重复的村级组织机构与干部班子得到了精简，可以节省大量开支，减轻了国家和农民的负担。

（四）加快土地流转，推动农业适度规模化

实践表明，加快土地使用权流转，推进农业生产的适度规模化，是转变农业增长方式、提升农业装备和信息化水平、实现农业又好又快发展的举措之一；是提升小农户组织化程度、对接家庭承包经营责任制与现代农业的途径之一。农民迁村并居所推动的土地流转，在一定程度上能够促使农业生产向规模化、智能化方向发展，有利于农业合作社等农业生产单位开展适度规模化经营。

（五）促进城乡一体化，带动经济整体增长

我国当前经济面临的严峻形势是，产能过剩问题伴随着房地产调控日

---

① 唐皇凤，冷笑非. 村庄合并的政治、社会后果分析：以湖南省 AH 县为研究个案 [J]. 社会主义研究，2010（06）：91 – 96.

② 张秀玲. 试论村庄合并的路径选择 [J]. 长白学刊，2012（03）：64 – 66.

益加深，尤其是钢铁、水泥等基建行业面临巨大压力；收入分配改革缓慢，无法立竿见影地起到增加内需的拉动作用；以美国为首的发达国家"逆全球化"和民粹主义思想抬头，导致国际贸易争端加剧，愈发不利于本国产品的净出口。在这样的背景下，以农民集中居住为抓手，推进新型城镇化、统筹城乡一体化，某种程度上就成为了维持经济增长的可行手段。① 具体来看，一是通过农民集中住宅区的规划建设和配套基础设施建设，为基本建设投资提供入口；二是提供大量就业岗位，刺激消费；三是城镇化后的农民更多地选择打工而不是务农，在一定程度上解决了城市劳动力不足问题的同时，也变相刺激了出口业务的增长。

二、"撤村并居"在微观层面对农民福利的负面影响

此处的"福利"也可以简单理解为"利益"，它是对微观经济学"效用"概念的进一步扩展。由于对"福利"的度量存在较大的技术性困难，因此多位学者均试图通过构建一个系统的指标体系，来评价拆迁并居对农民福利的影响。例如，高进云等（2007）采用经济收入、社会保障、居住条件、社区生活、环境和心理6项指标衡量土地流转前后农民的福利变化②；贾燕等（2009）把影响农户集中居住的福利用经济状况、社会保障功能、居住条件、社区生活、环境功能、发展空间和心理状况7项指标进

---

① 司林波. 农村社区建设中"被城市化"问题及其防止［J］. 理论探索，2011（02）：89 - 90，94.

② 高进云，乔荣锋，张安录. 农地城市流转前后农户福利变化的模糊评价——基于森的可行能力理论［J］. 管理世界，2007（06）：45 - 55.

行表示①；马贤磊和孙晓中（2012）则将农民福利的评价指标分为家庭经济、社会保障、居住条件和环境、社会资本、决策参与自由5项，并特别将农民能否自由参与村庄事务决策作为一项重要的功能条件②，显示出一定的新颖性与前瞻性。对于原本散居的农户在拆迁和并居前后，自身福利发生了怎样的变化，是一个见仁见智的问题。贾燕等（2009）研究发现，集中居住能够稍微改善农户的总体福利水平；而马贤磊和孙晓中（2012）则认为集中居住并没有显著提高农户的福利水平。另外，通过不同地区的横向比较，马、孙二人还得出了经济相对不发达县域的农户在并居后福利的改善水平显著高于经济相对发达县域的农户的结论，并以此为依据提出政策建议：如果出于保护耕地和农村生态环境的目的而必须强制推行集中居住时，"应优先推动经济不发达地区农民的集中居住，实现保障农民福利和节约土地的双赢"。

然而，以上研究结论并不具有显著的代表意义，更多的学者通过调查后发现，农民并居后的整体福利水平，较集中居住前呈现出事实上的大幅下滑，具体表征和原因，包括以下几方面。

（一）补偿机制不合理

在拆迁补偿方面，农户腾退宅基地的面积按照国家征用土地的标准进行补偿，拆掉的住房或在集中居住点置换同等面积住房，或按照相应标准给予经济补偿。可是，由于房地产价格大幅上涨，补偿款不够购买集中居

---

① 贾燕，李钢，朱新华，王静，李妍. 农民集中居住前后福利状况变化研究——基于森的"可行能力"视角 [J]. 农村经济，2009（04）：92-96.

② 马贤磊，孙晓中. 不同经济发展水平下农民集中居住后的福利变化研究——基于江苏省高淳县和盱眙县的比较分析 [J]. 南京农业大学学报（社会科学版），2012，12（02）：8-15.

住地新房的现象时有发生，而且越是偏远地区的村庄这种差距越大，有些家庭为购买新居不得不对外举债。"上楼致贫"已经不算稀罕事了。据周飞舟的调查，地方政府按照现行《土地管理法》规定，应向征地对象支付土地补偿费、安置补助费、地上附着物和青苗补偿费。其中，土地补偿费归了村集体，安置补助费主要用来为村民参加社保，真正落到农民手中的只有地上附着物和青苗补偿费。这也难怪人们经常看到农民一听说自家的宅基地和耕地即将被征用，便千方百计在宅基地上加盖各类简易建筑，在承包土地上插树枝造假，以求获取更多的地上附着物和青苗补偿费。①

（二）农业生产开展困难

集中居住后，务农仍然是相当一部分农民的主业。可是，与传统农家平房院落相比，高层楼房几乎找不到合适的地方归置各类农具，而且居住点大多距自家耕地甚为遥远，动辄便要走好几里，十几里地也不稀罕，大大增加了农民的务农成本与麻烦。至于主要从事畜牧业和养殖业的村民，更加不用说，几乎到了难以为继的境地。

（三）生存压力明显增大

由于或多或少地得到了一定数量的经济补偿，上楼农民短期内的生活水平不会发生明显下降，但从长远来看，如果因上楼后农业生产不便而放弃农耕生计，又未能及时落实二、三产业的就业渠道，农民拥有的存量资本会因不断消费而逐渐减少，坐吃山空是可想而知的。② 另外，不但蔬菜、禽蛋、柴草这些原本能够自给自足的生活必需品得花钱购买了，而且还增

---

① 周飞舟. 生财有道：土地开发和转让中的政府和农民 [J]. 社会学研究，2007（01）：49－82，243－244.

② 张颖举. 农民集中居住的利益冲突与协调机制构建 [J]. 理论导刊，2011（01）：65－68.

加了煤气、供暖、自来水、物业管理等原来几乎不存在的费用。大幅提升并得以固化的生活成本与不稳定的收入来源之间的冲突，明显增大了他们的生存压力。

（四）社会保障不到位

城乡建设用地"增减挂钩"政策试点过程中，不少地方打出了"土地换社保"的诱人招牌，而换来的社保多数只是一部分浅层次低水平的保障（如单一的养老保险），而且只能解决少量未来的担忧，难以解决发展问题。① 多数情况下，面对上楼导致的耕作半径大幅增加、农具无处存放等现实问题，多数农民不得不将自家承包的土地流转给他人。于是，作为世代生活保障的耕地与宅基地都远离了农民的掌控，他们的生计将出现极大的不确定性。所谓"家财万贯，不如一技在手"，如果不能尽快找到合适的工作，获得有效的社会保障，谁能幸免于市场经济的旋涡呢？据赵美英等人的调查，集中居住农民面临的一系列转变中，最关键最核心的便是就业问题。由于政府相应的就业安置、社会保障工作不到位，农民自身技能缺乏和对岗位、收入预期过高，以及部分农民"等、靠、要"的思想严重，使得上楼农民的就业之路非常狭窄。② 此外还有一个不容忽视的问题：宅基地确权登记工作完成后，已取得农村宅基地使用权证书的农户在宅基地的流转、抵押、继承上将变得越来越灵活；而"宅基地换房"后拥有的集体产权住房（即所谓"小产权房"），按照政策限制是不能进行房产抵押的，这对于打算做点小买卖的上楼农民来说，无形中失去了一个获得创

---

① 吴睿鸫. "撤村并居"不应是土地财政的升级版［J］. 西部大开发，2010（12）：42.
② 赵美英，李卫平，陈华东. 集中居住农民的就业问题研究——以常州市 A 村为例［J］. 常州大学学报（社会科学版），2010，11（04）：53－57.

业启动资金的来源。

（五）心理归属感、身份认同感缺失

上楼后的农民失去了事实上的农民身份，又受到自身条件限制无法获得市民身份，变成介于农民与市民之间的特殊群体——失地农民。外在方面，失地农民并未获得包括稳定职业和各种保障预期的市民待遇；内在方面，他们的职业能力、生活习性又不符合完全融入城市的要求。① 加之原先的熟人社会突然变成了"半熟人社会"乃至陌生人社会，使村民对新成立共同体的认识和融入产生一定的抵触情绪。② 久而久之，这种游离于城市和农村之间的边缘性状态，必然导致心理归属感和身份认同感缺失。

事实上，农民并非简单地喜欢集中居住或不喜欢集中居住，而一定会综合考虑集中居住为他们带来的利弊。应该说，集中居住本身是一个复杂的综合体，在带来比传统村庄更良好的居住条件、更完善的公共设施等好处的同时，也让上楼农民承受了失去土地这个"根"、离开熟人社会的失落感，以及随之而来的生活成本快速上升等代价。③ 斯塔西·亚当斯（J. Stacy Adams）认为，人不是生活在真空中的，他们总会通过现在与过去在回报和付出两方面的比较，来表达公平与否的心理感受。对于上楼农民来说，改变聚居形态固然有所不适应，但若是朝着更好的方向发展，怎么可能不满意呢?④ 现实是，农民对上楼前后主观感受到的所得与其所失

---

① 叶继红. 农民集中居住、身份认同及其影响因素 [J]. 内蒙古社会科学（汉文版），2011, 32 (04)：128 – 133.

② 王小军. 村庄合并后的治理难题——江西桃村、山村调查 [J]. 中国乡村发现，2007 (04)：41 – 44.

③ 潘明. 失地农民集中居住后生活状况的调查 [J]. 学理论，2009 (19)：125 – 127.

④ 王丙川，龚雪. 合村并居的必要性与可行性分析——基于山东省潍坊、德州、济宁等地的考察分析 [J]. 山东农业大学学报（社会科学版），2010, 12 (03)：61 – 65.

并不成正比,作为政策的制定者和执行者,地方政府如何在平衡政府、集体、农民三方面利益上做足功课,是一个亟待解决的难题。

三、"撤村并居"面临的其他问题和争议

（一）可能形成新的社会不稳定因素

"撤村并居"形成的农民"被上楼",并不是由于客观规律的变化自然生成的,而是在行政干预下形成的,这种被动形式的城镇化本身就存在着先天不足。综观国内外经验,在一些西方发达国家和拉美等发展中国家,城市中心的大规模"贫民窟"和治安乱象,都对我们强行、盲目推进城市化的行为敲响了警钟。分布在我国许多大中城市周边的、密集的农民集中居住小区,未来是否会沦为城市边缘的贫民窟,很值得人们担忧。至少在目前看来,这些地方的房屋出租率、外来人口流动率、治安案件发案率、火灾发生率都明显高于同城其他区域,很容易成为各种社会不稳定因素的滋生地。①

（二）违背以"小农户"为主体的适度规模经营路线

中国的农业发展道路究竟应该复制西方的机械化、集约化、规模化模式,还是继承发扬本国精耕细作的小农生产传统?这两派观点的争论,正可谓"剪不断,理还乱"。目前看来,"撤村并居"政策的实施、大量农民"被上楼"、土地的集中流转,似乎证明前者已在激烈的角逐中占了上风。不可否认,集约化、规模化经营的确能够在很大程度上提高农业生产的效率,然而,解决"三农"问题并不等于只考虑农业效率低下这个单一

---

① 司林波. 农村社区建设中"被城市化"问题及其防止 [J]. 理论探索, 2011 (02): 89 - 90, 94.

的问题；如果仅仅为了追求效率，将集约化以后的连片土地流转给少数种粮大户，其他大量农民的转移就业问题怎么办？处理不好可能会引发更多、更复杂、更难解决的社会矛盾。① 正如习近平同志在党的十九大报告中所指出的，要"发展多种形式适度规模经营，培育新型农业经营主体，健全农业社会化服务体系，实现小农户和现代农业发展有机衔接。"② 也就是说，中国特色的农业现代化道路，应该是在保障"小农户"的农业经营主体地位前提下，开展适度规模经营。单纯的"撤村并居"和"农民上楼"，显然是与这个精神相违背的。

（三）农民意愿被忽视，农业生产不便问题凸显

正如前文所述，从耕地"占补平衡"到城乡建设用地"增减挂钩"的变形，恰恰体现了中央政府为保护耕地和粮食安全不得不将城镇化土地来源由耕地转向农民宅基地的意图。"增减挂钩"也好，"撤村并居"也罢，都是为了解决人地关系紧张的矛盾，既不影响国家粮食安全，又能为城市化、工业化供给土地而出台公共政策。然而，地方政府在具体执行过程中，却把这些政策简单理解为让农民以价格低廉的居住用地为城市的扩张"续航"。③ 不仅如此，"撤村并居"还有着意想不到的后果：一方面，上楼农民腾退出的宅基地土壤肥力较差，仅仅将它们简单开垦为所谓的耕地，而不进行增施有机肥、松土保墒等养护工作，根本不适于种植粮食、蔬菜等常规作物；另一方面，农民上楼后继续从事农业生产本已倍感不

---

① 陈锡文．我国城镇化进程中的"三农"问题［J］．国家行政学院学报，2012（06）：4-11，78．

② 习近平．决胜全面建成小康社会 夺取新时代中国特色社会主义伟大胜利——在中国共产党第十九次全国代表大会上的报告［EB/OL］．新华网，2017-10-27．

③ 周飞舟，王绍琛．农民上楼与资本下乡：城镇化的社会学研究［J］．中国社会科学，2015（01）：66-83，203．

便，又有什么动力去对复垦后的耕地实施长期方能见效的养护工作呢？以此量之，"上楼运动"无疑是对"粮食安全"的一次背叛。①

第五节 "撤村并居"研究述评之外的思考

以 2008 年国土资源部出台《城乡建设用地增减挂钩试点管理办法》为标志，"增减挂钩"政策面世至今，已经过去整整十年了。十年来，围绕着"增减挂钩"及其直接导致的"农民上楼"运动，政界、学界、业界以及媒体界，争议不断，论战不休，赞誉者有之，批评者更甚。某一单项政策能在毁大过誉的评价声中，跌跌撞撞前行十年，仍在许多地方发挥着效力，似为改革开放 40 年来少有之现象了。究其缘由，不外乎两点：一为利，二为势。

利者，"土地财政"是也。自 1994 年"分税制"改革以来，地方政府迫于亲妈夺走铁饭碗的窘境，不得不重起炉灶另支锅，寻觅以"土地出让金"为代表的预算外收入，恐怕只是一种退而求其次的下策。孰不知，这一不得已而为之的做法方经试水，便令地方政府尝到了巨大的甜头——金额以亿计，使用极自由，任谁也不能拒绝这样的诱惑吧？至于农民的利益，当然可以置之不理，谁让他们本来就属于弱势群体呢？何况，官员手中还握有"占补平衡"和"增减挂钩"一先一后两把尚方宝剑哩！就算有人质疑这两把宝剑的合法性与合理性，也不要紧，把下层的农民变作上

---

① 然玉. 让农民"上楼"行动是对粮食安全的一次背叛［J］. 北京农业，2010（35）.

层的市民、荒僻的农村成为繁华的城镇、落后的农业向现代工商业看齐，不正是发达国家的"成功经验"与"阳关大道"吗？

对此，中国社科院社会学研究所王春光研究员有着精辟的分析：当国家步入"行政社会"① 这一全新的社会形态后，即使在本应由市场逻辑或社会逻辑主导的领域，行政逻辑仍然取代了其二者，用力挥舞着体现政府意志和好恶的指挥棒，其结果必然造成行政过度干预社会。如此一来，当地方政府出于城市建设的政绩需要，以及为了获取"土地财政"的巨大利益，将自己化身为市场主体后，便顺理成章地把行政的触角伸向了农村的集体土地资源。② "撤村并居"之所以能在巨大的争议下依旧急遽前行，原因恰在于此。

"利"之一字，过于直白，必定有人不爱听。那么，我们再来谈谈"势"。社会学先贤斐迪南·滕尼斯（Ferdinand Tönnies）以为，在传统的年代，"社区"作为人与人身份认同和情感归属的共同体，是构成整个社会的最主要组织形式；当时代的车轮驶入 20 世纪，你、我、他变得不再熟识，需要一起面对这个陌生化的社会，维系人与人之间关系的，变成了冷冰冰的契约和规章。③ 从共同体到社会的转变，虽说在某种程度上令人感到惋惜，却是不得不面对的现实。所谓"明察者何？时也，势也。审时

---

① 注：王春光将 1949 年以来中国社会现代化的进程分为三个阶段：改革前的中国社会属于总体性社会，改革后到 20 世纪 90 年代后期步入了市场社会，21 世纪初又进入了另一种全新的社会形态——行政社会。和市场社会过于倚重市场逻辑一样，行政社会则过于倚重行政逻辑。参见王春光：《从县域实践看中国社会现代化轨迹——基于对太仓的考察》一文，载《探索与争鸣》2012 年第 12 期。

② 王春光. 城市化中的"撤并村庄"与行政社会的实践逻辑 [J]. 社会学研究，2013，28（03）：15 - 28，241 - 242.

③ 斐迪南·滕尼斯. 共同体与社会——纯粹社会学的基本概念 [M]. 林荣远，译. 上海：商务印书馆，1999：108.

度势，事方可济"；又或谓"世界潮流，浩浩荡荡，顺之则昌，逆之则亡"
罢了。从中外村落演变的历史规律来看，随着经济发展水平的提高、农村
人口的逐步减少以及产业结构的变化，势必有一些村庄会衰落、会消失，
从这个角度来看，农民集中居住是具有某种历史必然性的。可是，决不能
脱离实际去推行仅仅为了解决城市建设用地紧缺的"撤村并居"，它在侵
害农民利益的同时，甚至影响了社会的稳定与国家的粮食安全。① 得失之
间，孰轻孰重，不言而喻。

---

① 刘元胜、崔长彬、唐浩. 城乡建设用地增减挂钩背景下的撤村并居研究 [J]. 经济问
题探索，2011（11）：149 – 152.

第二章

离土农民"上楼"观的叙事分析

我们已经知道,"撤村并居"或"合村并居",大多与地方政府主导的城乡建设用地"增减挂钩"政策有直接的关系。在"增减挂钩"及其前身——"占补平衡"两项政策执行的 20 年里,媒体和坊间常常把村庄撤并后的农民集中居住现象戏称为农民"被上楼"。一个"被"字,生动地说出了政策执行者的强势与失地农民的无奈,让人不禁惊叹于汉字表意的传神。

当然,村庄撤并的初衷,并不一定全都基于"增减挂钩"政策。扶贫开发兼并、大型工程移民、躲避地质灾害也属于村庄撤并的常见动机。[①]虽然情况各异,但上述原因导致的"上楼"也都并非农民主动而为之,将其统称为"被上楼"亦未尝不可。在被动离开家园和土地的整个过程中,农民的心态会经历怎样的起伏,身为"城里人"的我们,是不可能真正体会到,更无法拥有切身感受的。

从 2017 年秋开展调查到搬迁安置结束,再到后续的随访,调查工作最终在 2019 年初才算结束,笔者所在的某个国家社会科学基金项目团队深入山西省 S 县,对该县多个因地质灾害列入"撤村并居"搬迁任务的村庄开展了专项调研。调研发现,虽然每个村庄的基本情况和搬迁安置进度

---

① 陈旭峰."农民上楼"问题研究:回顾与展望［J］.武汉科技大学学报(社会科学版),2012,14(06):593-597.

并不相同，但村民对待拆迁和"上楼"的态度却普遍经历了一种"渐进式"的变化——从消极应对村支"两委"宣传，不认可旧房评估结论，质疑补偿方案的合理性；到逐渐接受补偿条件，从众式参观新村建设；再到纷纷签署搬迁安置协议，积极排队交纳个人配套款项。

农民的初始拆迁意愿与最终行为表现为何如此相悖？背后有哪些因素影响导致甚或决定了他们心态的变化？本章即以上述村庄的典型代表——贾王村为研究案例，采用深度访谈与现场观察相结合的方法，解释村民在做出这一关乎家庭命运的重大决定时，"有限理性"与"满意非最优"对他们实用主义至上的认知、判别和选择过程所起到的原则性作用。

第一节　村庄概况与事件背景

S 县位于晋东南，境内煤炭资源丰富，是国务院确定的全国 100 个重点产煤县之一。自 2009 年山西省启动煤炭资源整合重组工作以来，S 县通过关闭、兼并、重组等方式，将各乡镇 48 个中小煤矿整合为四大煤炭企业集团 11 座煤矿；然而，老旧煤窑的长期"私挖乱采"已给当地造成了严重的人为地质灾害——含煤地层采空区和地表沉陷区。根据山西省政府对采煤沉陷区的相关治理方案①，S 县于 2015 年 7 月专门成立了"采煤沉陷区治理项目搬迁新区工程建设项目领导组"，同时制订了"采煤沉陷区

---

① 山西省人民政府办公厅. 关于印发山西省深化采煤沉陷区治理规划（2014 – 2017）的通知：晋政办发［2015］21 号［A/OL］. 山西省人民政府官网，2015 – 04 – 13. 山西省人民政府办公厅. 关于印发山西省进一步推进深化采煤沉陷区治理搬迁安置工作方案的通知：晋政办发［2015］72 号［A/OL］. 山西省人民政府官网，2015 – 12 – 12.

综合治理任务（2015－2017）"，三年内任务共涉及 7 个乡镇 16 个行政村 6148 户的搬迁安置工作。① 实际治理过程中，除对极少部分农户（14 户 67 人）采取了货币化安置方式外，绝大多数农户的搬迁安置措施都属于由政府主导规划、建设农民集中居住点，再以整村为单位统一安排农民"上楼"。整村搬迁后腾退出的沉陷区土地和旧房拆除后的宅基地，则由政府控股、民营企业参股的混合所有制造地公司负责耕地复垦、后备资源开发等系列工作。用 S 县发改局《2018 年上半年工作总结及下半年工作计划》和国土资源局《2018 年度重点工作项目介绍》中的原话讲，这样做的好处是：一方面改善了采煤沉陷区村庄的人居环境；另一方面，复垦开发出的耕地资源既可入市交易，也可作为县里重大项目用地耕地指标的补充储备，完全符合城乡建设用地"增减挂钩"政策的要求。

本次研究选取的个案——贾王村，即为 S 县国土部门认定的采煤沉陷区治理任务村之一。

贾王村②，位于 S 县最南端，距县城约 20 公里，半小时左右车程，南与山西省 G 市接壤。全村共 127 户，主要由两大姓（贾姓和王姓）构成，户籍人口 396 名，耕地面积 417 亩，主要农作物是玉米、谷子，另外村民还会种植一些北方常见的应季蔬菜以供自家食用。不难发现，由于户均耕地较少，光靠农业生产根本无法满足村民的生活需要，而且随着轻简便农业技术的推广，种地已经变成一件简单的事③，农忙时节抽出十几天时间

---

① 注：2018 年 6 月，根据前三年任务落实情况，并剔除掉符合治沉政策但不在三年治理任务的乡镇村户，经 S 县国土部门重新认定，初步确认需要调整的任务户数为 3242 户。
② 注：依学术惯例，书中所涉地名、人名均为化名；其中对村庄的命名取自本村大姓，但仍与实际村名无关。
③ 贺雪峰. 建设属于农民的乡村 [J]. 河北学刊, 2017, 37（04）：153－159.

集中做一下活计就足够了。务农不再是老百姓生计的主业，做点小买卖和外出打工成为村民获取收入和支配时间的主要方式。贾王村没有什么非农特色产业，也没有专业的集体经济组织，本村的青壮年男子除少数在附近的私人承包煤矿做点零工外，大部分选择了在外务工。个别头脑活络的男子，还顺道领回来几位"南方"媳妇，引来许多从未迈出本县范围一步的年长村民们的啧啧惊叹。

自2014年起，居住在贾王村东头的部分村民陆续发现自家房屋出现裂缝、地鼓和围墙倾斜的现象，2016年呈加速趋势并向村庄中部扩大（见图2.1至图2.4）。

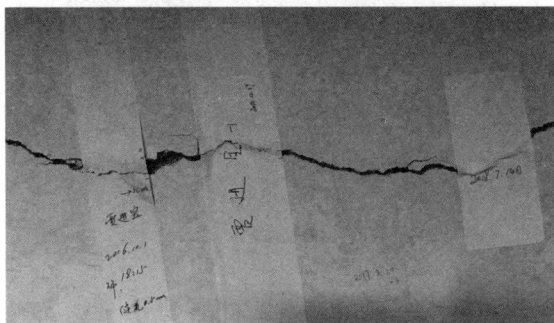

图 2.1 内墙裂缝

图 2.2 外墙倾斜

图2.3　地面鼓凸

图2.4　地基错位

　　经市县两级国土部门监测表明，导致村庄地表沉陷和房屋受损的原因来自两方面：一是附近的私营煤矿将地下煤层采空，二是叠加了受晋获断裂带①控制的山体滑坡的影响，属于人为与自然双重地质灾害导致的地面推移变形。贾王村的前任村委主任贾金贵解释道："像我这个房子已经裂开缝了，那块儿是隔的一个墙。为什么会这样嘞？（村子）四周围的煤都挖完之后，必然地形要变形嘞！再一个就是这个山是带坡形的，下雨流水有影响……村里给乡里、县里层层上报，后来省里派专家来测绘过，确实是山体滑坡太严重了。"现任村委主任贾宏伟做了更详细的介绍："山西省第三勘察设计院②经过勘查以后说，'除了煤层采空，再就是这个村盖的房子本身就不合理，一般的村庄盖房应该是逆向坡，你们这里都是顺向坡。'我跟人家说，'我们村历史不长啊。改革开放以后手里头有点钱了，就都开始盖新房，孩子③们要说媳妇嘛，所以有点地方就盖，瞅个旮旯就盖。还考虑什么逆向坡顺向坡？'可是咱这里三山夹一沟嘛，（对房子地基的）压力太大，把山根儿都毁坏了。守着这个地方，就是这么个情况。大家的房子都在滑坡带上盖着嘞！重量压到这儿以后导致滑坡。"

　　经过前期的宣传准备，S县政府于次年启动了贾王村整体避让搬迁方案。其后，由国土、城建等部门负责，在县城近郊规划了一处占地面积26亩的农民集中居住点，计划建成一栋村委办公及村民活动综合楼和五栋住宅楼（三栋多层、两栋高层），用来安置贾王村127户近400名村民。截

---

① 注：晋获断裂带北起河北省获鹿县（现石家庄市鹿泉区），向南经山西省左权县、长治市至晋城市西南，是影响山西省东南部主要的地震活动亚带。关于晋获断裂带的研究，详见孙丽娜、金学申、温超、边鹏飞撰《晋获断裂带构造与地震活动特征》（载《华北地震科学》2009年第4期）一文。

② 注：山西省并无第三勘察设计院，此处应为村委主任记忆不准确所致。

③ 注：在当地方言中，"孩子"一词仅代表儿子，女儿则称为"姑娘"或"闺女"。下同。

至 2019 年 1 月，集中居住点的主体建筑工程已基本完成，各项配套设施预计将于 2019 年底以前完工并投入使用；与此同时，全村 98% 的农户都已签署了安置协议，村民的"上楼"意愿表面上已达成一致，搬迁之前的各项工作似乎已基本告一段落。然而，政府部门、村支"两委"、普通村民之间历经三年多的三角博弈关系与矛盾变化过程却相当复杂，绝非片言所能尽述。

第二节 贾王村的搬迁故事

三年多的时间里，面对即将远离的故土和对未来"上楼"后的生计预判，村民们的情绪与态度经历了一系列渐进式的变化。

一、消极应对搬迁动员

2016 年，县乡两级政府正式提出动迁意向之初，多数村民们均对搬迁一事表现出消极的抵制情绪。当被问及是否愿意迁往县城，以及上楼居住究竟好不好时，"建档立卡"贫困户王某龙的母亲只用两句话就直接表达了她的强烈不满："你觉得能愿意（搬）了？""（到城里住）好个屁！没有到村上好。"如果说，贫困户持这样的抵制态度很容易理解的话，那么，以下几位普通村民的反对意见则颇具代表性。

一位四川德阳籍媳妇回忆道："（2016 年）刚开始说这事的时候，根本没呐几个人操理①，其实绝大多数人都是因为不愿意嘞！为甚不愿意？县里谁替我们想嘞？我从四川（嫁）来这个村20多年啦，说话（口音）和这儿一式式②的了，早就习惯啦。（这里）有院子有地，我才不想搬嘞！我家汉子在外面上工③，一个月挣千把块钱，地就我一个人种，够吃了，再掇弄住闺女念书。④ 要是搬到县里，吃啥、做啥？（打工挣的）那点钱够干甚？还不够物业费嘞！"在新疆长年务工，春节前才返乡的贾三安同样很不情愿："说让我们搬，那都是赶潮流，其实很死人。⑤ 去了行不行？不行，费用太大。你挣不上一分钱……有人说那边好，可是（到了那儿）喝杯水也得出钱，甚都得出钱。以为是乡下嘞？在这儿取暖、种菜，都不用花钱，也就冬天买买菜，夏天基本上就差不多（不用买）。一上楼以后，菜基本顿顿得买，喝水、上厕所也得出钱，都要算水费了。村里的自来水又不用花钱。住到城里电视、冰箱、微波炉，电器也多了。做饭村里给发炭，不发炭也给发成钱，烧那个液化气花费肯定要比这个上升好多嘞。还有物业费、暖气费。"开小卖铺的贾师傅的二儿子新婚不久，年轻人希望保留平房院落的想法更富有生活情调，与中年人主要考虑家庭收支的出发点迥然不同："我跟你说实话，我爸给我们兄弟俩都在县里买的有房，可是我们还是不想让把这个老院儿拆了。村里也有房、城里也有房，该不是更好？这地方空气好，老了（回来）养老多自在。他（政府）就是给补

---

① 注："没呐"，意即没有；"操理"，搭理、理会的意思。后文均同。
② 注："一式式"，相当于一模一样，但语气强度更甚，包含"无丝毫分别"之意。下同。
③ 注："上工"，指不从事农业劳动的务工，是在附近上班和外出打工的统称。后文均同。
④ 注："掇弄"有照顾、拾掇之意；"念书"指上学、读书。下同。
⑤ 注：当地方言中，"死人"的含义有两种：一是名词，即尸体；二是形容词，表示非常累人、十分麻烦。此处为后者。下同。

偿吧，还不是补偿的楼房？哪有住院儿熨帖①嘞？"

与一般村民相比，村委主任贾宏伟能够比较理性地看待这件事：一来，面对愈发严重的地质灾害，避让式搬迁是大势所趋；二来，作为主要的村干部和党组成员，服从上级安排是履职的关键。即便如此，他仍对整村搬往县城的方案表示了不甘："按理说咱这个村守着个207（国道），交通条件还不错，根本就不需要搬迁，就算地质破坏啦，我们也不想往县城走，可是不搬又不行……将来等咱们搬到县里以后，还得以老村为基地，把有劳动能力的，不管是留下（看管老村），还是（在县城和老村之间）来回跑——实在不行就得买上个大巴车来回跑嘞！总得看住村上这400亩地呀，而且还有护林防火的责任嘞！村里头只能让大家轮流值守吧。要是乡上开会呀、报表呀，或者给安排其他什么工作，我们（村干部）还得（从县里）跑回来参加。比如常青村②就是这样。细说起来，也很死人、很不便宜③嘞！"

容易感受到，在早期的搬迁动员阶段，多数中老年村民担心的是上楼后生活成本大幅提高、未来生计前景难以确定，以及不适应城市居住习惯等现实困难；少数青年村民是出于城乡生活方式多样化、丰富化的独特追求而希望保留老院落。村干部则更多地从村情治理的角度出发，考虑到村庄整体迁移后，会在集体资产保全、上下级公务往来等方面造成更多的压力与不便。

但是，如果我们剥开表层看本质，村民的抵触行为往往是预防现实利

---

① 注："熨（yù）帖"，舒服、妥当之意。
② 注：常青村是S县首个因山体滑坡和采煤沉陷地质灾害而搬迁的村庄。该村于2009年启动搬迁工作，2012年整村迁至县城某小区，农民全部上楼居住。
③ 注："便（biàn）宜"，当地方言中延用古语的用法，指方便、合适。下同。

益受损，或者希望得到更多利益保障的外在表现。这一点当然无可厚非，不过，对贾王村人来说，随着山体滑坡和地下采空越来越严重，避灾成为压倒一切的大事，搬迁不可能因为村民的拖延战术而放缓。于是，紧接着开展的旧房评估工作，则成为了众人表达利益诉求的最佳时机。

二、普遍质疑评估工作

按照山西省政府对采煤沉陷区治理搬迁安置工作和地质灾害防治工作的相关规定，S县政府统一要求各搬迁村庄必须聘请具有相应资质的评估公司对村民的旧房进行评估作价，评估价将用于折抵搬迁安置住房的购买价款。

贾王村村委经多方咨询，聘请了当地一家资质实力较强、拆迁评估经验丰富的房地产估价公司。由于贾王村的地质灾害是自然与人为双重因素共同造成的，其中人为责任应归咎于附近的常红煤业将地下煤层采空，于是，村支"两委"经与该煤矿协商，对方同意以"赞助款"的形式承担了包括旧房评估费用在内的、需村集体自筹的那部分搬迁安置支出。

旧房评估对规范待拆迁房屋的财产补偿活动、保障村民的合法权益当然是必要的，也是非常重要的。然而，乡间的利害纠葛同人际关系一样复杂，搬迁带给人们的麻烦一个接一个，故土难舍带来的伤感始终无法消散，也许还有对基层政府长期不信任形成的惯性思维在作祟。这些负面情绪汇总在一起，令许多村民从内心莫名地怀疑整个评估过程存在"猫腻"，对最终评估结论也不愿认可。因此，当全村近百座房屋的评估价格统一公布以后，村民们的意见便集中爆发了出来。每家每户的说法虽不尽相同，但大体可归为以下几类。

——认为自家的房屋不比别人家差，甚至比邻居家还好，但评估价却相差太远。"你那个房子和我都是一年盖的，大小和你一式式，评估公司为什么给我两家评估的（价格）不一样？""我家整个这一院就给评了十五万。人家后边（有一家）的房子给评了二十六万，要按面积说，还没呐我家的大嘞！"

——认为评估方法不合理或评估范围不完整，遗漏了部分重要房产。"人家给我家评估了十一万来块钱，光主要的（房子给评估了），像这院子、厨房都没有给评估。别人有的家（把院子、厨房）都给评估了，好些平常的（房子）都给评估了十五六万嘞！""我这个院子这么大，种个菜多好！这个院子你别看它大，他（评估公司）就没给我赔（评估），没给我算面积。"

——认为祖传老屋有历史价值，不能完全按照现实折旧情况进行评估。"这是咱村最老的房子……这个房子是 1955 年盖的不假，可是这些砖呀、瓦呀这些东西，是我家祖上老房子的，有 300 多年了。1955 年盖这个的时候，把旧沟里老房子的零件拆下来搬到这儿，才盖起来的。可是他们（评估公司）不管那个，就给评估了五万块。人家说这个的折旧费就怕得嘞①！可是像文物那些东西，不是越古老就应该越珍贵？"

——怀疑评估过程中有潜规则，希望上面有人来调查，但又害怕被打击报复。"我打断一句话说，村上有人意见不统一，（也许）给你们领导反映了一部分问题，你们下来了解了解这个搬迁评估的情况。倒是你们肯定是正义的，我不是说你们是非法的。上一级政府安排你们……哎，圪捣转

---

① 注："怕得哩"，当地方言，形容某种程度非常严重。

向①，去了解了解到底村上是什么情况……那样最好啦！毛主席说过'没有调查就没有发言权'嘞！""这东西（评估方法）不是很清楚呀，具体也给你说不上来，人家干部知道，评估公司说了算。你们了解这个干什么？是公检法单位？还说是来查干部们（的问题）……我真是不敢乱说，万一说错了咋办？"

——承认自己纯粹是外行，尽管对评估结果不太满意，也无能为力。"我们也不懂呀，人家评估公司说啥就是啥呗！""那个（评估方法）咱不知道。咱就不懂政策。""反正是套着什么条条框框，人家评估公司有评估公司的规定吧。""评估合理不合理你可不要问我，我什么也不知道。让咱咋个弄就咋个弄吧！""人家叫你搬嘞，你没办法呀！你说评估价格不行吧，你要怎嘞？一过了年就要开始（拆）嘞。"

——对村委会及其聘请的评估公司持信任态度，或者具备一定专业知识，了解评估的具体环节，基本认可评估结论。"现在都说公开公正，（评估）都是按国家标准弄的，人家弄成甚算甚吧。我们村的班子不说是百分百公开公正吧，对老百姓的考虑基本上占85%到90%的能力啦！""我在××建筑路桥公司干过九年，知道评估有些个规定。比如我这个房子只能算一层半，不能算两层。为什么嘞？底下一层（高度）按三米五、上头第二层（高度）按两米四，这才够，才能达住二层楼嘞！像我这个房子就达不住两层，只能算阁楼。如果给算二层楼，我家能达住200多平米，因为二层高度不够，阁楼只能算一半，所以建筑面积就下来了。"

不难发现，除了少部分见识较广的村民和围绕村干部的"圈内人"，

---

① 注："圪搊转向"，当地方言，四处转悠、随便走访的意思。

多数人对评估过程及结果抱有质疑的态度，所差者只是质疑程度或出发点不同而已。可以想见，评估直接决定了被拆迁房屋的补偿价格，与每家每户的切身利益息息相关。而在整个评估过程中，观察房屋状况、搜集估价对象资料、制作实地勘查记录、选择估价方法等工序，无一不具有极强的专业性，最终形成的评估报告也远远超出了一般村民的理解能力。相较于复杂难懂的评估报告，村民宁愿相信自己的眼光与判断。他们能够感知到的，是祖辈、父辈和自己当年批地盖房时付出的金钱与汗水，是老屋被"人气"浸养数十年后已经拥有的"生命"，是与左邻右舍墙脊院落在一砖一瓦上的直观比较，更是评估结束后能够用来折抵新房价款的真金白银。在如此心态影响下，人们对自家房屋的评估结果必然抱有很大的期望，当评估公司按照统一标准为折旧多年的老房子给出一个纯技术性的、不掺杂任何感情因素的估价时，现实数字与个人梦想造成的心理落差，可想而知。

三、逐渐接受补偿方案

生活在村庄这样的熟人社会里，村干部比外人更加深谙老百姓的心理，也完全能够意识到：在祖屋即将被拆、"上楼"前景并不明朗的时刻，任谁也无法淡定地对待这个家庭生活的重要转折点。除了谋求经济利益最大化，村民们的意见其实更多地表现为在信息不对称条件下，为内心的惶恐与不安谋求一种宣泄渠道罢了。因此，只有当村民们对补偿方案和评估政策有了充分的了解，实现了他们所希望的信息公开，质疑的声音才可能归于平静。做到这一点以后，在不违反政策规定的前提下，利用村集体积累资金，给予村民适度的、政府统一补偿措施之外的经济补贴或现实便利，多数问题都将变得容易解决。

S 县政府对贾王村居民的搬迁安置以及农户老旧住房的补偿标准主要参照了《山西省深化采煤沉陷区治理规划（2014－2017）》和《山西省采煤沉陷区综合治理资金管理办法》①中的相关规定，并结合当地实际情况进行了修订。简单来说：重建搬迁安置住房（以下简称"安置房"）按户均 60 平方米进行补助，每平方米造价 2014 元，户均搬迁安置成本为 60 × 2014 = 12.08 万元；安置房超过 60 平方米的部分需要由居民个人以建筑成本价购买；治理资金主要由政府承担，其比例为国家 50%、省级 20%、市级 10%、县级 10%、个人 10%（由于市县两级合并占 20%，故当地官员和居民称其为"5221 工程"）。

在此基础上，贾王村村支"两委"根据本村的特点，参考本县其他已搬迁村庄的成熟经验，又出台了一些具体操作上的"土政策"。包括：（1）三代五口人以上的家庭按两户计，每户均可享受 12.08 万元的补贴，也可分别申购一套安置房；五口人以下的，只按一户计；（2）自愿申报安置房的面积、户型，如果某一户型申报数量超过了实际数量，则用抓阄的方式决定；（3）已通过升学、入伍、就业等形式获得城市户籍、在外定居的原本村村民，如在本村还拥有或继承有祖产，可以按成本价全额购买一套安置房，但不再享受政府和村集体提供的其他任何补贴；（4）安置房竣工之前，为躲避地质灾害急需迁走的农户，每户每年补贴房屋租金一万元。

客观地讲，贾王村村支"两委"讨论制订的实施细则，充分考虑了村

---

① 山西省人民政府办公厅. 关于印发山西省采煤沉陷区综合治理资金管理办法的通知：晋政办发〔2017〕157 号〔A/OL〕. 山西省人民政府官网，2017－12－8.

庄的实际情况，是对县政府搬迁安置补偿方案的进一步细化与落实，也符合大多数农户的利益——毕竟，任何政策都不可能兼顾所有人的诉求。同时，为了尽可能减少村民对房屋评估结果的质疑，村委会还要求评估公司向大家简要、通俗地解释了评估工作的部分细节，包括建筑面积的认定、建筑材料的区别、使用年份和折旧的影响等。还特别说明了哪些部分不参与评估："人家有严格要求，看不见的东西不评，塌了（损毁）的不评，无法记录的不评；另外宅基地不评，光评地面上的财产。宅基地为啥不评？得用它和政府置换（土地），还能白白让县里给咱们批那块（新区占用的）地嘞？"由于村支"两委"反复向村民宣传上级政府的政策，对搬迁方案的答疑解惑和对补偿标准的技术性解读也比较到位，同时不断加大党员干部包户动员工作的力度，村民们开始理性地看待这一系列合理、合法、基本符合自身利益的现实安排。随着时间的推移，不满和对立情绪逐渐得到化解，越来越多的家户开始接受搬迁安置方案和包括评估结论在内的财产补偿标准。"再后来，我村人百分之八九十都开始变得愿意啦！大部分人能接受就行，世界上十全十美的生活①就没有。反正最后一句话，搬迁肯定是个好事，将来还不都是往县城走？"

四、全面签署安置协议

基层干部们都知道，很多时候，再科学的方案、再透明的规定，也比不上看得见的实惠和摸得着的实物更有说服力。拿整村搬迁这件老百姓认为"天大"的事来说，与其苦口婆心地宣传动员、说服教育，不如让村民

---

① 注："生活"一词在当地方言中，除了与普通话拥有相同的含义外，还可以用来表示"工作、事务"。

们亲自体验一下新村整体规划和实际建设进度。既然大部分村民的心态已发生了显著变化，村庄的管理者决定趁热打铁，给老百姓吃一颗定心丸。

2018年秋末，借着本村在附近务工的青壮年劳动力纷纷回乡收秋，各家当家主事人比较齐全的机会，村干部在贾王村家乡微信群里宣布："咱村的新楼房有三栋已经封顶了，村里打算统一租几辆大巴车，拉上大家伙去观赏观赏！愿意去看的报一下名，每家每户限一人。"虽然此前常驻工地的村民代表会不定期地在微信群里发布新村建设的照片，在县城务工的村民也大多到现场看过，但这种带有官方性质的参观活动还是第一次。那些平日和村干部"走得近"的人还在"私下里"和大家说："你不知道吧？去参观的中午还管饭嘞，可不是一人一碗面拉倒，听说要在县里的饭店弄上好几桌嘞！""谁倒也不是图他那顿饭，就算是庆祝庆祝新房子快盖起了还不行？"于是，各家的户主或当家人在村委会的组织下，参观了位于县城西北部的新村工地。当他们亲眼目睹三栋多层住宅已经封顶，另两栋高层住宅的施工进度同样进展迅速，又步入单元楼内察看了自家将来可能入住的房屋户型。中午的会餐饭桌上，家庭妇女们又纷纷讨论起哪个房间可以装点成儿子娶媳妇时的洞房，哪个房间又可以让正在上学的娃们写作业用。众人似乎暂时忘记了他们从前是怎样反对搬到城里住，又怎样强调旧房评估价不合理来着——这种参观仪式上的"正式性"和来往安排上的"亲民性"交织在一起，对各家主事人的影响可谓非比寻常。

经此一事，村民们内心的踏实感和对搬迁安置工作的信任感无形中得到了加强——参观结束后不久，在搬迁安置协议上签字的农户从不到六成迅速增至九成以上，便是最好的证明。又过了两周，村委会便发布了集中收取新房预付款①的通知。面对村民们很高的交款积极性，紧挨村委会居住的一位大嫂略感意外："说是要交预付款嘞，老早起来就都来排队啦！冬天天亮得迟，外头还黑着嘞，人家们才六点就早早排到大队②门口啦！人家们说，交得早了，敢怕③能分个好楼层。谁都知道那个话是捉糊④人，分楼层还得捻纸蛋儿⑤嘞！你瞧，大伙儿这样积极，还不是说明老百姓最后都愿意（搬）啦？"村委主任也证实，只用了不到一个工作日，全村127户居民中便有124户的款项主动交纳完毕，另外三户未在搬迁安置协议上签字，当然也没有交纳个人配套款。

根据 S 县政府的统一安排，2019 年元宵节过后，贾王村的旧房拆除、耕地复垦等系列工作便会全面展开，而新村的主体工程和配套设施建设预计 2019 年年底才能完工。在这个过渡期内，村委会以户为单位，提供每年一万元的租房补贴。那三家不肯签字和交款的农户，尽管各有各的说法，但也同样领取了租房补贴。至此，贾王村的整村搬迁工作暂告一段落，政府的统一安置目标亦基本达成。

当我们站在"旁观者"的角度，观察了贾王村从搬迁动员到签字交款的整个过程，不禁想问：是哪些内外部力量共同影响着村民们"上楼"态度的转变，从而最终令他们做出人生中这一重大决定的？

---

① 注：即前文所述搬迁安置治理资金中应由个人承担的 10% 部分，计 12080 元。为了表述上的直观和村民理解的便利，村委会将其称为新房预付款。

② 注：当地许多年龄偏大的村民仍然沿用公社化时期的叫法，习惯性地把村委会称为"大队"，下同。

③ 注："敢怕"，方言，恐怕、也许之意。

④ 注："捉糊"，当地方言，意同糊弄、忽悠。

⑤ 注：即抓阄。

第三节　决策的理性前提与满意原则

　　管理学的主要流派之一——决策学派认为，任何组织或个人，每天都要做出各种各样的决策。组织的决策大到国民经济长远规划、某一行业战略布局、企业转变经营方向、公关应对突发事件，小到便利店进货渠道的选择、快餐店打烊时间的确定；家庭和个人的决策，则散见于吃喝拉撒、行动坐卧、寻医问药、人情往来等诸般琐碎事务中，如果遇到考大学、找工作、相对象、买房子之类的"大事"，就更能体现出其对老百姓的重要意义了。甚至可以这样说，除了先天的生理本能和那些无意识的举动，人们的绝大多数行为，都逃不出以下三种：要么正在对未来做出决策，要么正在执行过去制定的决策，要么正在评估已经结束的决策。这些决策既可能只是例行公事而不被人注意，也可能太过惊世骇俗从而广为人知，但无论如何，决策的确贯穿了组织管理的全过程，也遍布于普通居民生活的方方面面。

　　贾王村的基层管理者和普通村民们，在面对上级政府主导的整村搬迁以及随之开展的旧房评估、拆迁补偿、异地重建、新居安置等一系列工作时，所表现出的或消极抵触、或协商博弈、或主动接受、或被动从众等若干内心态度和外在行为，其实都可以看作是不同类型的行动者，对这一将对未来生活产生长远、重大影响的决策，所做出的应对手段。在"大"决策套着"小"决策的三年时间里，"需求"和"理性"定然共同推动着他们所迈出的每一个脚步。

一、决策的理性前提

理性，从一般意义上讲，是人类主导认识思维和实践活动的知识和能力，如人们对事物的认知推理能力，分析问题、解决问题的能力等。如果从决策的角度看，理性是一整套价值体系，决策主体用这套体系来对各种事物、行为、过程、结果做出评价。评价的最终目的，是为了选择出令人满意的备选方案。价值体系当然是看不见也摸不着的，于是，在日常生产生活实践中，理性往往表现为一种目标明确的行为方式，即在外部环境和约束条件已经确定无法改变的情况下，做出符合自身利益的选择。① 非理性（或谓感性），是理性之外的情绪情感、习俗习惯、兴趣爱好、信念信仰等心理因素的总和。非理性的决策者在对事物做出判断时，靠的是本能、直觉、欲望、灵感和潜意识中的个人好恶。

德国社会学家马克斯·韦伯（Max Weber）认为，包括决策在内的人类行动，在传统社会里主要是非理性的情感行动；发展到现代社会，则以理性行动为主。② 然而，在中国，传统与现代根本不可能像西方社会那样做到两极分化式的对立，特别是在中国农村，往往表现为传统力量与现代规则纠结在一起的复合型社会样态。③ 身处这一传统与现代交融的社会样态中，当离土农民面临事关未来生计变化的重大决策时，他们的内在心理和外在行为，自然而然地形成了理性与非理性共同作用的多层混合体。

事实上，如果我们把观察的视野放远一点，就会发现，不仅仅是离土

---

① 罗必良. 农民的经济理性及其政策含义［J］. 农村研究，1999（02）：3 – 5.

② 马克斯·韦伯. 经济与社会［M］. 林荣远，译. 北京：商务印书馆，1997：56.

③ 翟学伟. 乡土中国的变迁——也说"无主体熟人社会"［N］. 光明日报，2011 – 9 – 20.

农民，任何人在做出非程序化决策①时，都既不可能是完全理性的，也不可能是完全非理性的。美国学者阿罗（Kenneth J. Arrow）首次对这种复杂的心理现象做了分析，他认为，人的很多行为"是有意识地理性的，而这种理性又是有限的"——即所谓"有限理性"。

从 20 世纪 40 年代开始，管理决策学派的创始人赫伯特·西蒙对决策过程中的"理性"和"有限理性"进行了深入研究。在他的代表作《管理行为》一书中，西蒙指出，"理性就是依照评价行为后果的某套价值体系，去选择令人满意的行动方案。"② 根据所依照的价值体系不同，理性还可以表述为不同的种类：首先，理性有自觉和不自觉之分。学生求解一道复杂数学题的过程当然应该看作是自觉理性，而任何人不需思考便会迅速抽回被烫的手指则属于不自觉理性；其次，理性还有主观与客观之别。譬如，一位病人如果相信某种药物能够治疗他的疾病，那么吃药便属于主观理性，而只有服用该药确实有效，他的行为才属于客观理性；最后，理性还有不同的服务目标与服务对象。战士舍身炸碉堡当然是集体理性，隐蔽起来保存自我则属于个人理性。不过，无论怎样分类，对决策的当事人而言，都不可能真正做到完全理性，取而代之的，必定是有限理性。③

理性之所以有限，是由于作为生物个体的人，对环境的认知能力、对问题的分析理解能力以及对信息加工处理的能力都是极其有限的——不妨称其为心理资源的稀缺性。当稀缺的心理资源不得不面对纷繁复杂的外部

---

① 注：非程序化决策是指无先例可循的、非常规性的决策，与之对应的即为程序化决策。两者的主要区别在于所解决问题的性质不同，前者用来解决偶然发生的、性质结构不明的、具有重大影响的例外问题；后者用来解决经常重复出现的例行问题。

② 赫伯特·西蒙. 管理行为——管理组织决策过程的研究 [M]. 杨砾，韩春立，徐立，译. 北京：北京经济学院出版社，1988：74.

③ 赫伯特·西蒙. 管理行为 [M]. 詹正茂，译. 北京：机械工业出版社，2013：81.

世界时，为了以尽可能少的劳动（思维消耗）获得尽可能多的产出（认清现状、解决问题等），必然要求人的精神活动是节约的。① 精神的投入产出比与物质的投入产出比，在这一点上，并没有本质区别。

二、决策的满意原则

显然，完全理性重视选择的结果，而有限理性则注重选择的过程。无论在哪个领域，有限理性都是真实的理性状况。在有限理性的约束下，决策不可能遵循最优原则，而应该遵循满意原则（连在一起表述，可称之为"满意非最优"）。"满意非最优"原则，是所有决策都应该遵循的唯一原则。

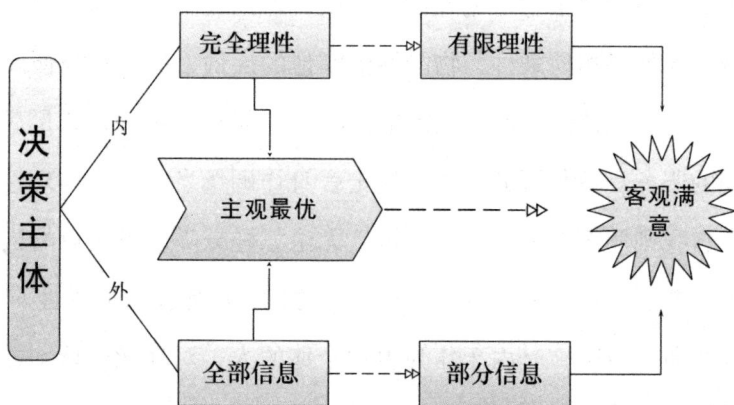

图2.5 有限理性与满意非最优的逻辑关系

如上图所示，为了实现科学合理的决策，决策主体首先要运用自身的

---

① 燕良轼. 《道德经》心理学思想：精神节约论 ［J］. 湖南师范大学社会科学学报，1999（01）：3－5.

理性（可以理解为内部因素），然后还必须搜集到足够的信息（当然属于外部因素）。如果内外两方面因素都实现了最大化，即令决策主体做到完全理性的同时，还能够搜集到全部信息，便可以建立起达到最优解的前提条件。然而现实情况是，作为内因的理性是有限的，作为外因的信息同样是有限的，决策根本无法实现所谓的最优，于是只能退而求其次，去追求满意解了。换句话说，人们在主观上总希望追求完美，而客观现实却只能让人感到部分满意并且不得不接受这种满意。"没有最好，只有最合适"抑或"适合自己的就是最好的"诸如此类用来劝慰自己或他人的语句，并不纯属玩弄文字游戏的心灵鸡汤，而是真实的生活写照。

中国学者曾经建立了实现最优决策的理论模型①，该模型要求以下四个条件必须全部满足，缺一不可。

①决策者必须搜集到与决策有关的全部信息；

②决策者必须准确计算出每一条信息的价值②；

③决策者必须依靠有价值的信息，制订出所有可能的行动方案；

④决策者必须准确地预测出每一个行动方案在未来的执行结果。

在条件的描述中，信息属于外部客观因素，制订方案、预测结果属于决策者自身的主观理性因素。我们不需做更多的科学论证，仅凭常识就可以做出判断，以上四个条件中的任意一条在现实中都不可能得到满足，更遑论"全部"二字了。既然决策者无法得到理论上的最优解，便只能在主

---

① 周三多. 管理学——原理与方法（第七版）［M］. 上海：复旦大学出版社，2018：142.

② 注：信息的价值等于信息带来的收益减去搜集信息所付出的成本。信息的收益包括有形收益和无形收益，信息的成本同样包括有形成本和无形成本。有形与无形的区别，在于成本收益是否可以被精确地计量。

观意愿与客观环境中找平衡，寻求适合当下的满意解了。

可以这样认为，完全理性和最优原则要求人们与真实世界的一切复杂事物打交道，有限理性和满意原则只要求人们与他头脑所感知到的简化版的世界打交道。为了通俗地说明两者的区别，范家骧先生曾用"草垛寻针"的比喻做了解释：一个粗心的裁缝不小心把他的吃饭家伙——几十根缝衣针撒落在一大垛麦秸堆里。现在生意上门了，他得马上有一根针才能挣出今天的面包钱。此时，按照完全理性和最优原则的要求，他必须在巨大的草垛中拣出所有的缝衣针，再逐一加以比较，找到最锋利、最坚韧的那一根；而依照有限理性和满意原则，他只需找到大小粗细够缝衣服的随便一根就可以满足要求，不用再找下去了。[①] 这个虚构的小故事形象地告诉我们，有限理性和满意非最优原则表面上是"有限"和"满意"的，但如果把为了获得完美所需付出的机会成本考虑进去，"有限"和"满意"反而比"完全"和"最优"更值得行动者追求。

以上关于决策理性前提与行动原则的介绍，将成为解读贾王村村民"上楼"意愿渐变的特定逻辑节点。

第四节　核心需求支配下的行动理性

首先应该看到，在贾王村整村搬迁的全过程中，县乡两级政府、村支"两委"干部自始至终并没有采用强迫、压制的手段来"对付"那些不肯

---

① 范家骧.《管理行为》中译本代序［M］//赫伯特·西蒙. 管理行为. 北京：北京经济学院出版社，1988：3.

合作的"家伙"。不可否认,这是自 21 世纪初农村税费改革、各项惠农政策逐步实施以来,国家为了实现城乡社会的"善治",将基层治理模式从"整体支配"转向"依法行政"和"民主协商"的良好结果和真实体现。① 可是,再忠厚老实的农民也是精于计较的,况且每家每户的情况都不一样(甚至一家内部成员们的想法也不尽相同),如何才能说服那么多对搬迁持抵触态度的村民,使他们最终心甘情愿地在安置协议上签字,无疑是一道相当棘手的难题。

近年来,有学者通过个案考察发现,为了实现村庄的顺利拆迁,政府开始采用"政策鼓动""利益诱惑"等诱致性措施取代以往的强制性做法,虽然拆迁表面上得以成功实施,但农民的真实意愿并未得到表达,暂时成功的背后很可能掩盖着潜藏的社会矛盾,不利于维护社会的长期稳定。② 实事求是地说,该项研究充分反映出了拆迁过程中农民与国家的博弈关系,"诱致"一词在形容政府角色的转换上亦可谓生动。不过,其观察视角是以基层治理作为出发点的,对农民的分析仅仅集中在拆迁意愿的差异化,和拆迁态度在政府的诱致下产生变化两方面。如果我们能够站在被拆迁对象的立场,就可深入发掘"待上楼"农民自身的核心需求有哪些,这些核心需求对他们的行动理性产生了哪些影响,核心需求和行动理性是否会随搬迁工作的递进发生同步变化。以上三项,正是笔者针对同类问题采取的不同切入点,也是在对贾王村搬迁工作进行整体回顾后,得出的最终结论。

---

① 陈锋. 从整体支配到协商治理:乡村治理转型及其困境——基于北镇"钉子户"治理的历史考察 [J]. 华中科技大学学报(社会科学版),2014,28(06):21 - 27.
② 陈锋,侯同佳. 农民拆迁意愿及其诱致性变迁路径——基于华北王村的个案考察 [J]. 湖南农业大学学报(社会科学版),2017,18(03):37 - 43.

一、安全至上：生存需求主导下的"非理性"①

需要层次理论认为，人的需要有高低上下和先后顺序，只有低层次的需要得到满足，才会进一步考虑更高层次的需要。其中，生理需要和安全需要是人和其他动物无差别的先天需要，也是处于较低层次的两类需要。② 这两类需要，归根结底都是为了人类种群的生存繁衍和发展壮大，因此不妨将二者整合到一起，统称为生存需求。③ 容易看到，生存需求无论对个人还是家庭均属于最基本、最底层的需求。生存问题如果解决不了，剩余的一概无从谈起。

与城市居民相比，中国农民在收入获取、社会保障、就业前景等物质生活领域处于较低的水平和较差的状态，承担的生存压力明显更大，属于典型的"弱势群体"。在这种情况下，青壮年农民往往选择外出务工，从事比种田收益更高的行当，而中老年农民则留在村庄务农，以土地作为最基本的生活保障，形成了以代际分工为基础的"半工半耕"生计模式。④ 应当承认，这种"进可自由进城，退可顺利返乡"的生计模式发展到今

---

① 注：此处的"非理性"并不是指没有理性、不遵从理性甚至无理取闹，而是代表与"理性"相对应的直觉、本能、习惯等力量，其含义大体上类似于"感性"。下同。

② 亚伯拉罕·马斯洛. 动机与人格 [M]. 许金声，等，译. 北京：中国人民大学出版社，2007：57.

③ 注：在国内学术界，往往对需要层次和需求层次不加以严格区分，许多研究经常将两者混用。事实上，需要（need）和需求（demand）是两个不同的概念。前者是客观要求，例如人需要食物，严重缺少食物会导致死亡，这是不以人的意志为转移的；后者是有能力获取并愿意获得某件事物的主观要求，例如同样是摄取食物，有人喜欢吃素，有人喜欢吃肉。因此可以说，需求是建立在需要基础上的。由于决策过程带有强烈的主观性和选择性，故本书用"需求"一词来表示农民在搬迁上楼过程中产生的不同要求。

④ 夏柱智，贺雪峰. 半工半耕与中国渐进城镇化模式 [J]. 中国社会科学，2017（12）：117 - 137，207 - 208.

天，已经在很大程度上改变了传统农业的经营方式，对中国农村的政治、经济、社会生活也产生了举足轻重的影响。然而，"半工半耕"的最初动因正是为了减轻生存压力，更好地满足生存需求——青壮年农民外出务工能够增收，中老年农民留下务农可以节支——主动"开源"加被动"节流"，共同构成了"半工半耕"满足农村家庭生存需求、提高生活水平的行动逻辑。

再将目光转回到贾王村。2016 年夏，当村干部带来了县政府打算拆掉整个村庄，让老百姓搬到其他地方居住的消息后，相当多村民还没来得及认真思考这件事的可行性，脑海中便下意识地浮现出两个字："不搬！"之所以会有这样的反应，是因为在宣传工作不到位、补偿政策尚未出台、一切前景都不明朗的前提下，全村搬迁这么大的一件事，必然会让村民们感觉到未来的巨大不确定性，这种不确定性又必然形成了对村民生存现状的威胁。于是，大部分村民的反对情绪便很容易理解了。

让我们从三个角度出发，设身处地地解读一下村民们的原始心态。

(一) 生存的本能

贾王村人均耕地面积仅 1.05 亩，户均耕地面积也不过 3.3 亩。但这小小的一块土地，在留守村庄的中老年农民和家庭妇女们的精心营务下，就能为各家各户提供大半年的蔬菜和杂粮，另外每年冬天卖完玉茭①以后细算账，刨去种子、化肥等支出，还能有千把元钱的纯收入。不要小瞧这点钱粮菜，一旦土地不在了，就全都没有了，并且还得花钱去买。这里少一块儿，那里多一块儿，在老百姓眼中便是双倍的损失。再来看外出务工的

---

　① 注：玉茭是当地人对玉米的俗称。

青壮年农民，虽然他们早已不靠那一小块儿地过活，但土地却是他们在城里混不下去的最后保障。用常年在湖北打工的贾某刚的话说："比如打工一个月两千块钱，一年两万块钱，哎呀，比种地挣钱。可是等你要是在外头连一百块钱也挣不上了，就觉得家里好，是吧？现在为了挣钱肯定还是外头好，可是等年纪大点，干不动了，没人要你了，谁给你一分钱嘞？所以说，等咱老了以后从家①种个地，能保证自己的生活。可是现在一搬，总会儿②把你的根给挖断了，回不来了！没呐进退就没呐依靠，（有进退的话），能在外边儿活就活，不能活就返回来，这样才能行。"

可见，无论是留守妇女和老人，还是外出青年，乍闻搬迁动员的消息后，首先想到的是即将失去最基本的生活保障，换句话说，失去土地支撑的农民，一下子就有了很大的后顾之忧。于是，对未来生存压力剧增的预估，无形中催生了众人自我保护的本能，原本处于最底层的生存需求马上升格为当前的核心需求。在核心生存需求的主导下，"安全第一"开始主导村民针对搬迁的惶惑心理和反感情绪。

（二）习惯的力量

或许有人指出，农民本能地担心生存受到挑战而不愿搬迁，似乎可以理解，可是贾王村还面临着山体滑坡和地下煤层采空引发的灾害威胁，显然不能与一般村庄简单类比。难道当地村民能够无视这严峻的客观环境现实吗？笔者起初也有类似疑问，但通过实地走访后发现，村民们对环境威胁的"轻视"甚至"无视"，恰恰折射出"非理性"的另一个重要构成要

---

① 注："从家"，当地方言，有"从外边回到家"和"始终在家待着"两层含义。此处意为两者的混合。

② 注："总会儿"，当地方言，表示最终就会如何如何。

素——习惯。对固定生活在某个地区的人来说,不良自然环境对人造成的压力是气候、水文、地质长期积累的结果,与经济和社会因素带来的压力相比,更容易让人产生强烈的"惰性"。① 于是,身处此间的人们,在逐渐适应自然环境的过程中,对这种压力的承受能力也不断提高,久而久之,便忽略了压力的存在。外人感到相当诧异的事物,他们恐怕早就习以为常了。正如家在村南桥头边的贾某和老汉所说:"我们村姓贾的祖上和姓王的(祖上)从××镇搬来,已经有三百多年了,再往前就没呐(人住)了。那个滑坡啦、泥石流啦又不是今天才有了,也没呐见有个甚(可怕)的。再说啦,东边和北边的房子影响稍微厉害点儿,咱这边儿又没多大意思。②"或许贾老汉的看法过于主观和侥幸,但他的确在很大程度上代表了村民与灾害长期相处过程中形成的习惯性心态。

(三)乡土的情结

中国农民在几千年的历史发展进程中,形成了对土地难以割舍的感情。无论社会怎样改变,农民总是无法放弃他们与土地的天然联系。土地不仅仅代表了农民的身份符号,成为了农民家庭的重要收入来源和生活保障,也寄托着他们的情感和希望。从某种意义上说,对土地的崇拜已经融入中国农民的人生观、世界观和价值观中。在当前城乡融合的大背景下,越来越多的农民开始摆脱对土地的纯粹依赖,对待土地的观念也已从"生作耕死作葬"的一元状态演变至"坚守信仰、提供保障和勇于放弃"多元

---

① 文军,朱士群. 分化与整合:加速转型期中国社会稳定性分析. 电子科技大学学报社科版,2001(02):58-61.

② 注:"意思"一词与"大小"组合使用时,在当地方言中可用来形容程度的高低。"没多大意思"是指问题不算大,严重性不算高。

共存的状态了。① 不过，哪怕是已经放弃土地、在城市扎稳脚跟的农民，对家乡的土地依然保留着一种浸淫在骨子里的乡土情结，更不用说那些与土地打了几十年交道的中老年农民了。在他们眼中，拆迁和"上楼"意味着侍弄了大半辈子的一亩三分地，要么变成离家数十里外的"飞地"，要么干脆化为一片乌有。这样的场面，不但让人在感情上实在难以接受，更可悲的是，"除了种地啥都不会干"的老头子和老婆子们，即将成为"光吃闲饭没球用的废人"，这样一来，"不用说过年给孩们②预备上点压岁钱了，就连平常抽根烟、买瓶药，也得低三下四地去瞧儿媳妇的脸色啦！"——贾王村好几位上年纪的村民不约而同地这样叹道，神态和口吻所传达的失落之情，尽显无遗。

经过以上解读，当可获悉：本能、习惯和情感是构成农民"非理性"的三大要素。首先，当生存需求面临威胁时，农民的本能反应便是将原本处于底层的对生存、安全和可靠性的追求提升至优先考虑的境地；家境越是贫穷的农户，越倾向于规避生存风险，宁可为了降低此种风险而牺牲某些长远的利益；其次，农民在某个特定环境（包括自然环境、经济环境、社会文化环境等）下长期生活，便会形成对外部环境的依赖，即使环境状况不佳，人们也会对这种不佳导致的压力产生"惰性"——其实并非真的懒惰，而是习惯使然；第三，农民这一身份的天然属性和职业安排，要求他们通过对土地的重复利用，以及在实践过程中积累的技术储备，来获得稳定、可靠的作物产出。在哺育个人、家庭、宗族和整个社会的数千年历

---

① 陈胜祥. 分化视角下转型期农民土地情结变迁分析［J］. 中国土地科学，2013，27（06）：35－41.

② 注：此处是指老年人的孙辈后代。

程中，农民群体对"乡土"产生了难以言表的深切情感。"安土重迁"固然是传统主义下中国农民的整体性格，而深受现代主义影响的新生代农民，仍旧无法彻底割舍掉这种根植于血脉中的农耕文化情结。

谈及此处，笔者想说：人们大可不必嘲笑贾王村百姓们的思想僵化和目光短浅，要知道，哪怕是思维严谨和视野广阔的科学家、政治家和企业家，在采取各种行动时，也相当多地出于直觉、本能、习惯和感情，有时甚至在潜意识中做出某些重大的决定。与这些"上层人物"相比，普通农民对感性的运用当然更加常态化，他们习惯于较高的生存保障和较低的风险负担。他们追求的并不是得到最多，而是在够用前提下付出最少。换成现代经济学的语言，即不追求收益的最大化，而只追求代价的最小化（放弃习惯和割舍情感同样属于两类代价）。德国社会学家、经济学家韦伯对此深有同感，他在对中国社会进行系统研究后指出，与追求利益最大化的"经济人"相比，农民的这种只求代价最小化的行为应该归入非理性的范畴，但这种"非理性"机制却成为了中国非官方自治伦理体系的重要组成部分。①

二、效用最大：经济需求刺激下的完全理性

在搬迁动员早期，贾王村多数村民出于"安全第一"的考虑，对搬迁工作表示出了明确的反对态度。村民们的过度反应可以用生存需求主导下的"非理性"来进行解释。不过，"安全第一"并不意味着农民会永远受到"非理性"的制约，它的最大作用是围绕着生存问题建立起一个防御

---

① 马克斯·韦伯.中国研究［M］.王容芬,译//韩水法,编.韦伯文集（下）.北京：中国广播电视出版社,1999：85－207.

圈——在防御圈内，农民会尽量避免可见的生存风险；在防御圈外，农民会变得同商人一样精于盘算，致力于追求经济利益的最大化。①

村委主任贾宏伟告诉我们，贾王村的村干部也都是土生土长的本村村民，他们对大家不愿舍弃故土的心情非常理解，可又不能不服从上级政府做出的避让式搬迁决定。经过一番商议，村委会计划"在（老村）附近找块平地，重新盖上小区，漂漂亮亮的。老百姓还能继续种地，各方面都很便宜。"可是经过专业的地质勘查单位勘测后发现，"这个地方三山夹一沟，地质条件很复杂，算是黄河流域和漳河流域的一个小分水岭。整个村很早以前就是个河沟，（是后来）经过改造以后垫起来的，想在附近找一块合适的平地太不容易！条件根本不允许"。既然这个看上去不错的折中方案不具有可行性，最终只能接受县国土资源局提出的整村迁往县城的方案。

2017 年春，经 S 县县委、县政府同意，并报 L 市国土资源局批准，由 S 县国土资源局牵头，联合城建、财政等部门，开始正式实施"贾王村 127 户地质灾害整村避让搬迁工程"。大局底定以后，原先走遍全村都能听到的反对声音便一天比一天弱下去了——毕竟，再任性的意见也无力与灾害趋势和官方意志相抗衡。而且越来越多的村民发现，其实"上楼"对他们生存现状的威胁并不如想象中那么严重：一是政府的"宣传条文"里说，就算搬到城里，各家原来的土地承包权仍然保持不变，国家只收回房屋占用的宅基地，宅基地收回以后再统一复垦成 110 亩的新耕地；二是种地其实早就成了大多数农户的"副业"，光靠种地为生的人家基本上没有

---

① 詹姆斯·C. 斯科特. 农民的道义经济学：东南亚的反叛与生存［M］. 程立显，刘建，等，译. 南京：译林出版社. 2001：30.

了；三是村里计划成立个合作社，可以把自家承包的土地流转过去，"村民变股民"也行，每年收取流转费也行；四是村委会可能要买个中巴车，隔三岔五地在县城和老村之间跑，那些不愿流转土地、进城后还想继续回村种地的人也能免费乘坐。话虽如此，其实一多半村民并不觉得后两条承诺和安排能够真正落实。不过，经过大半年的时间，大家最初的激动情绪早已平复，纯粹的由生存需求主导的"非理性"已逐渐转至理性的思量，众人开始重新审视包括生存需求在内的家庭多重需求。因此，当旧房评估这项重要的、技术性极强的、事关各家各户经济利益的工作全面铺开后，村民们的经济需求马上被激发了出来，并立即提升至优先考虑的地位。

依照山西省政府的有关规定[①]，各级财政只补贴搬迁安置住房60平方米的建筑造价，超出部分需由个人承担。在县城破土动工的几栋安置住宅楼中，建筑面积最小的户型也有93平方米。再说，在平房院落待惯了的人们，都想弄个大点儿的房子去住。这样一来，各家都势必产生一笔不小的支出，而老房子的评估价，将直接用来折抵超出财政补贴范围的新房购置款，最后再以现金形式多退少补。村妇女主任王月琴给我们算了算她自己家的账："我吧，最起码想报个120平米的（户型）。国家给补贴60平米，多出的这60平米就得个人出钱。听说新房子每平米（的造价）咋也得两千多，这样算下来个人就得负担十三四万。我家的老房子（评估价）万一达不住这个数，自己可往里贴吧！要是能多评几万块，该不是更美？买家具的钱也有啦！"很明显，出于经济利益最大化的考虑，人人都希望

---

① 即本章第二节中提到的《山西省深化采煤沉陷区治理规划（2014—2017）》、《山西省进一步推进深化采煤沉陷区治理搬迁安置工作方案的通知》和《山西省采煤沉陷区综合治理资金管理办法》等相关规定。

自家的旧房屋能评出一个好价钱，而现实往往与理想相距甚远。于是，评估过程中引发的利益纠葛，为此项工作的实际开展制造了许多矛盾和冲突，具体来说，村民们的疑惑和不满集中在以下几方面。

（一）宅基地是否应补偿方面

部分村民认为，当初申请宅基地是由村民小组和村委会讨论同意的，又经过了上级乡镇和县国土局的审核批准，况且宅基地属于房屋不可缺少的一部分，评估的时候当然应该把这一块算进去。

（二）房屋评估绝对金额方面

如果先不和别人家比较，单看自己家房屋的评估结果，几乎每一户都认为评估价格过低，而且各家的"外交官"都能在和他人交流时，为自家房屋价格应该评得更高列举出数条听上去非常充分的理由。

（三）房屋评估相对价格方面

全村评估结果公布后，除少数房屋状况相差悬殊的家庭以外，几乎每一户都觉得自己家的房屋评估价格不理想，而街坊四邻的类似房屋却评了个好价格。

（四）评估过程透明度方面

由于房屋评估具有极强的技术性，普通村民对评估公司的观察、询问、核对、勘验等一系列工作流程全然无从了解，更不明白最终价格是如何测算出来的。于是不少村民主观地判定评估公司与政府、与村干部甚至与别的农户之间存在着"猫腻"关系。

以上四方面疑惑和不满，除第一项很快得到答复并获得一致认可外（全村的建设用地都要置换为县城新建小区所占用的土地，因此不计入房屋评估价格中），剩下的三项，直到在安置协议上签完字，仍有许多村民表示不甘。这种"锱铢必较"的心理（仅为客观形容，绝无贬损之意），充分反映出农民对"身外之物"的重视程度。尤其是面对这类涉及家庭主要资产价值判断的重大事件时，为了改善经济状况或降低经济损失，当事人必然会努力追求利益最大化。此时，在经济需求的着力驱动下，农民的内心想法和外部行为都将朝着"完全理性"的方向迈进。

完全理性和最优原则是古典经济学理论的基本命题。这一原则是指行为者当面临多种选择的时候，会精心比较不同方案的成本和收益，从而主动追求那些令自身效用最大化的方案。当然，"成本"、"收益"及"效用"的来源可以是财产、商品、劳务等能够用金钱衡量的东西，也可以是声望、尊严等其他非货币因素（贾王村搬迁故事的后半段便会涉及这一块内容）。从进化论的角度看，效用最大化是"物竞天择、适者生存"的自然法则决定的。因此，当农民发现生存需求并未受到太大威胁，或即使受到一定威胁但却无力改变现实时，他们便会转而在经济方面尽可能寻求最大的回报。

在经济需求刺激的完全理性主宰下，当全村的旧房评估结果公布之后，部分村民对待搬迁的态度发生了戏剧性的变化——有些在宣传动员期抵制搬迁的，因房屋评估结果比较理想，"不搬"的字眼从他们口中消失了；而有些原先巴不得尽快搬迁的，却摇身一变，成了强硬的"反对派"。村民王某和刘某便代表了后一种情况。王某的说法简单又直接："从前我说搬了好，是我发傻①嘞不行？现在我又不想搬啦不行？我也不闹甚，大队多给我三万块钱，我就搬。要不然，门也没呐！"刘某的言辞不那么激

---

① 注：发傻，当地方言，意同冒傻气。

烈，却同样带着钉子："我也不打算讨你国家的便宜，可是我也不搬，还搁这儿住着，我就是要嗮这个瘪①嘞！"据多位知情的老人透露，这两家人之所以如此，正是由于旧房评估价大大低于其心理预期所致。

与以上两类搬迁态度大变的农户相比，其余村民的反应虽没有那么明显和强烈，然而心情仍然是矛盾和复杂的：他们中有的人感觉评估结果马马虎虎，懒得再去生事；有的天生胆小或经历过较大挫折，不敢公然表达自己的不满；有的身为党员干部及其家属，不便在人前说三道四；还有少数人极力怂恿"反对派"把事情闹大，好坐收渔翁之利。总之，拆迁和评估关乎大伙儿的经济利益，每个人都打心眼儿里盼望着事态能朝着有利于自己家的方向发展。

恰在此时，正在县城西北部推进的新村建设工作又遇到一些障碍，原本计划于 2017 年底完工的主体工程，工期不得不推迟半年以上。一时间，贾王村的整村搬迁工作似乎陷入了僵局。怎样才能在不违反政策的前提下充分尊重村民的合理需求，着力发挥干部的协调能力，正面引导乡邻的理性转向，成为村支"两委"主要成员当下迫切需要解决的问题。

三、满意即可：社会需求制约下的有限理性

自搬迁伊始，每位村民都会随着整体工作的一步步推进，应之以最符合自身利益的行为，并在后续的行动过程中不断总结、不断反思、不断调整，从而对自己的行为加以合理化诠释。一旦核心需求发生变动，受其支配的理性态度亦迅速地进行转换。如此便可看到，当村民们以降低生存威

---

① 注：嗮（sǎi）瘪，当地方言，指故意做样子给人好看、让人尴尬，有时也可表示嘲讽、挖苦之意。

胁为核心的需求转向以追求经济利益最大化为核心的需求时，由本能、习惯和情感构成的"非理性"，相应地转向了精于成本、收益和效用计算的完全理性。同样地，当村民的核心需求不再仅仅受经济因素的限制，转而追求更多重、更丰富、更社会化的目标时，他们的理性态度与行为表现亦当随之发生同步的变化。

（一）多元的社会需求

在整村搬迁的全过程中，旧房评估无疑是最容易产生利益纠葛的环节，当该项工作基本告一段落，剩余的诸般事务对经济需求的触动力明显减弱，村民们便开始把目光投向未来居住环境改变后的生计规划上，从而衍生出更注重生活方式、精神文化、人际往来、发展机会等高层次的社会需求。

1. 享受城市便利设施与服务

务实的农民深知，搬到县城里去住高楼，虽然不得不改变许多老习惯，甚至一时让人适应不过来，可是却能获得很多待在乡下难以实现的好处。这些好处虽说并不一定属于农民家庭的"刚需"，但城市相对发达的基础设施和丰富的文化环境，的确能够提升进城农民日常生活的便利度和精神层面的充实感。当然，"感受"一词带有强烈的主观色彩，依年龄、受教育水平、人际交往能力等个人特征的不同，产生较大的区别。但无论是担负家庭顶梁柱责任的青壮年农民，还是离开土地赋闲在家的老年农民，都不得不承认城市商业经营与公共服务为物质文明带来显著进步。"到村里吃个菜，天一冷就不行。你想买个西红柿，县城卖两块，这块儿就得三块多。县城的大超市不要说买菜，什么都有，又好又便宜。""咱村的孩们上学都得去八义镇。三四年级就得住校，倒是不用出住宿费吧，可是吃得不好，营养跟不上。县里那个新村不是紧挨着柳林小学嘞？要我说快搬，搬过去就不用发愁这事啦！""我们这个年纪是最怕得病啦！（得了病）不说给子女添负担吧，（在村里）瞧病也不方便呀！年似①隔壁家的老婆儿不是脑梗啦？让赶紧往县医院送，等去了已经不行啦。医生说，早来半小时就能抢救过来。这要是一准儿②就住在城里，或哒③就死不了啦？"以上谈话整理自贾王村多名老年人，在一定程度上反映出了年长村民对城市的正面评价。他（她）们在进城后将失去土地、农具等生产资料（至少做农活会变得极为困难），对家庭的贡献主要体现在保持一个好身体，能操持一般家务活，看管好未成年孙子女等"后勤保障"职责的分担上，故此更看重城市在购物出行、小孩上学、医疗卫生等方面优于村庄的体验感。不管怎么说，城市对离土农民此类需求的满足程度，是远高于传统村落的。

2. 开拓生活与就业空间

随着城镇化步伐的加快，非农就业机会的增加，农村的人力资源越来越多地流入城市。贾王村的青壮年农民也大多选择了外出经商、务工的谋生道路——早期基本是远赴新疆、湖北、江西、广东等地，或营务小生意，或在工厂流水线上做事；近些年，越来越多的农二代和农三代开始回到家乡所在的县市，从事装饰装修、煤炭采掘行业，或餐饮、外卖、快递等技术性不强的服务类工作。不过，尽管工作地点离家较近，却很难看到他们回乡帮忙收秋的身影，可以说，这些青年人除了还保留农村户籍外，

---

① "年似"，当地方言，一般表示去年的意思，偶尔也可用于年底时称呼本年年初。

② "一准儿"，当地方言，与北京话中"肯定、必定"的含义不同，用来表示"从一开始就……"之意。

③ "或哒"，当地方言，或许、可能之意；其中，"哒"为语气助词。

在生活方式、职业生涯上已经与"农民"二字脱钩了。和全国农村的新生代农民工一样，贾王村的年轻人大多没有务农的经历和经验，对农村也谈不上感情深厚，又长期目睹了城市在社会福利与公共服务等方面的明显优势，内心非常渴望融入其中。然而，城市的高房价令他们无法真正落脚，就业渠道的单一化和流动性又对其职业资本的积累造成了极大障碍。因此，这些务工青年对"整村拆迁、进城上楼"的支持态度，比那些家境优渥、已在城市购房的同龄人要坚定得多。旧房评估开始以后，这件尚处于推进阶段的复杂工作，在他们眼中似乎已变成了美好的现实："市里和县里的二手房也买不起，咱又没呐（城市）户口，又不能贷款。这下可美啦，不花多少钱就能买下一套新的啦！"当谈及住房与工作的关系，在县城某超市当收银员的赵某水说："在店里上工总得住到县城吧？可是租的房子总归不是自己的，人家（房东）说撵你就撵你，（租金）说涨价就涨价。好不容易找个合适的工作，就是租不上个合适的房。要是有自己的谁还怕这？"建档立卡贫困户王某龙在 L 市学习理发手艺，他与母亲始终反对搬迁的态度完全不同："我家的房子是村上最破的，才给评了五万，可是五万总比甚也没呐强。我在市里一边学（理发）一边给人家打工，等学会了还想自己开个店嘞。到时候我妈咋办？她有病，总不能把她一个人扔到村上不管。听说新村那块儿还盖的有门面房，自己（村里的）人去租的话比外面优惠。不行我就去租上一间，又能挣钱又能照顾我妈……"

在现代城市"职住分离"的空间格局下，为了减少交通需求及出行成本，节约通勤时间，人们都希望就业地点与居住地点尽量靠近，实现就业与居住两者的平衡。由于一般人很难决定工作场所的选址，便只能通过居住场所的合理安排来追求所谓"职住平衡"。① 对于难以通过购买商品房在城市定居的务工农民来说，通过拆迁上楼实现就地城镇化，能够在很大程度上帮助他们实现工作与居住的"职住平衡"，进而开拓生活与就业空间，增加个人成长与发展机会，强化对城市的心理归属感和身份认同感，最终令他们更好地融入城市。

3. 提高婚恋市场竞争力

在农村婚姻市场中，从相亲约会到谈婚论嫁，女性始终居于优势和主导地位，拥有较高的话语权；男性则因数量长期明显多于女性而处于劣势和被挑选的地位。于是，整个婚姻市场按照未婚男子竞争力的高低形成了一种比较序列。其中，序列的尾部呈现为底层沦陷——打光棍。农村未婚男青年在整个序列中所处的位置，取决于其家庭的资源积聚能力和分配方式。② 也就是说，如果抛开身高、相貌、性格等个人特征，男方家庭综合实力是女方在谈婚论嫁时考虑的首要因素。随着近些年城市商品房价格的不断走高，房子已经成为反映家庭综合实力的最重要指标。如果说，"有没有房"是笼罩在所有城乡未婚男青年头顶的积雨云，那么"在城里有没有房"则是直击农村未婚男青年痛点的雷霆之问。

除个别建档立卡贫困户外，贾王村农户的整体经济状况并不算太差，但大多数家庭仍没有能力在县城或更高级别的城市购房。而哪怕在村庄盖了新房，对女孩子也没有任何吸引力。据我们调查，全村近 400 名户籍人口中，大龄未婚男青年的比例竟高达 7% ~ 8%！老党员王红兵的独子已成

---

① 郑思齐，曹洋. 居住与就业空间关系的决定机理和影响因素——对北京市通勤时间和通勤流量的实证研究 [J]. 城市发展研究，2009，16（06）：29 - 35.

② 陈文琼，刘建平. 婚姻市场、农业剩余与光棍分布——一个理解农村光棍问题的中观机制 [J]. 人口与经济，2016（06）：10 - 20.

婚并在 L 市定居，不存在这方面的担忧，但他的话却道出了客观现实："（待在这儿）孩子们说不上媳妇呀！村里二三十个光棍，都已经二十八九岁啦。有人给介绍个姑娘吧，非得在城里有个房。村里的房子再好，人家不稀罕。现在农村到哪儿都是这个情况，不光咱这个小村。"既然城市房产是农二代的婚姻必备品，乡下的房子又于事无补，如果能用乡下的旧房换购城里的新房，岂非一举两得？在地质灾害频发的贾王村，这一近乎天方夜谭的想法却要即将变作现实了。那些正为房子问题发愁的光棍们，就像打瞌睡的捡到个大枕头一般。他们的父辈，哪怕再不愿搬迁，对评估结果再不认可，也只得为了儿子的婚事做出让步。村民贾某平的长子即将从部队退伍，他的话道出了同村一大批父母的心声："以后孩子说媳妇跟咱要房子咋办？你寻思下死命给孩子攒钱买套房吧，城里的房价一天比一天涨得怕！（现在）国家又给补贴，老房子又能折上十来万，还不如趁这个机会赶快搬。"

众所周知，农村青年在整个城乡青年梯队中处于比较靠后的位置，农村家庭如果想把子代推向更靠前的位置，需要具备强大的社会资源和支付能力，这对一般农户来说显然是难以实现的。而通过"待上楼"农民对城市的多元化、多层次社会需求的描述可以得知，"拆迁补偿"与"进城上楼"恰恰能够在一定程度上帮助农村家庭做到这一点，即把子代推入与城市青年大体相当的梯队优势端，实现向上的社会流动。尽管部分中老年农民对政府主导的"搬迁上楼"有诸多抱怨，但为子女"操心"的本能最终还是占据了上风，并在与"过了这个村就没有这个店"的心理的共同作用下，将意愿的"天平"向赞成搬迁的一方倾斜。

（二）知觉的有限理性

本章第二节曾着重介绍了有限理性和满意原则的形成机制，即在内部心理资源稀缺性和外部信息资源稀缺性的共同影响下，人们无法追求理想中的最优解，只得退而求其次去追求满意解。现在让我们来看一看，当社会需求逐渐取代生存需求和经济需求并占据主导地位之后，由其支配下的有限理性和满意原则是如何在村民身上发挥作用，从而不断化解搬迁阻碍力量的。

1. 心理资源的稀缺

从旧房评估一开始，贾王村的村民们就发现，与国家的补贴政策、政府的规划方案相比，这项与每家利益关系最密切的工作，同样也是他们最难看懂的。换句话说，普通人所拥有的知识储备和分析、理解能力远远不能应付这类技术性极强的具体事务。做过装修工的贾小林曾经跟大伙儿说："不同的房子结构不一样，有砖混、有土混，最差的就只给算建筑面积，房子结构几乎一文不值了。"但他的解释也仅限于此，至于估价规范手册中诸如"区位状况、实物状况、权益状况"等专业术语，以及"市场比较法、收益还原法、重置成本法"等估价方法，对任意一位村民都不啻读天书了。可以说，在评估这件事上，全体村民的知识储备都是极为稀缺的。

当外部环境的复杂程度超出个体的认知能力时，人们一般会通过两种渠道来增加自己稀缺的知识储备：一是加强学习训练，增强思维能力和解决问题的能力；二是与他人进行沟通交流，以获得知识经验共享。很显然，高昂的学习成本和所有人都不懂评估的现实，使得以上任一种渠道都不可能被贾王村村民所采纳。不过，在这个"有问题找百度"的年代，人们都懂得向互联网的资讯海洋寻求信息支持。既然自己和身边的人都讲不出个子丑寅卯，村民们马上便想到不妨上网搜索相关的知识和信息。

2. 信息资源的有限

从理论上讲，网络提供的信息是无限的，但这种理论上的无限却受到信息使用者精力、时间等搜集成本的约束，更何况，使用者还必须逐条甄别每一条信息的真伪，判断每一条信息的价值，从中过滤出对解决问题有帮助的部分——这相当于再次对使用者的心理资源提出了巨大挑战。因此，普通人要想通过网络得到相对准确的答案，最好向专业人士进行咨询。村民王晓宇通过关注微博联系到了北京×源房地产评估有限公司一位姓苏的估价师："我问了那个老师俩仨问题吧，其实也都是村上人想知道的。第一是有人觉得评估价太低，是不是故意压低了？苏老师说既然评估公司是村里委托来的，肯定会（和村委会）签委托书，只要人家的程序合理合法，就不用担心。评估公司都很专业，再说国家也管着他们，不会故意往低（评）。我又问他，要是对评估（结果）不服，能不能找其他公司重评？他说按照国家规定，提出申请是免费的，可是鉴定得自个儿付费。有时候光鉴定费就能达住房子价格的5%左右，十来万的房（鉴定费）得好几千，而且鉴定也是看（原来的）评估程序有没呐问题，不会单独给你重新评。最后人家告诉我，他不可能听我的一面之词就下结论，但是他敢保证有资质的评估公司肯定不会违反法律规定和道德标准。老百姓认为评估价格偏低，本身大部分都是事实，和故意压价就不搭边儿。"

事实上，村庄的管理者也对村民们的想法和行动心知肚明。村委主任贾宏伟说："虽然村委请的评估公司，但村委不承担责任，由评估公司承担一切法律责任，这个签的都有协议。如果谁（对评估结果）不满意，可以请其他公司，费用你不用怕。如果你找的这一家公司评估出来，证明村委请的公司有错，评估费村里给出了；如果说评估下来和原来的结果一样，那你自己出了费用。结果一户（重评的）也没有。他一打听，村委请的评估公司是市里业务量最大的，资质是最可以的。其实大伙儿的心情都能理解，谁不愿意让自己家多评点？可是总得实事求是嘞，不能说你想让评多少就给评多少。"

作为全国 100 个重点产煤县之一，S 县因煤层采空导致的地质灾害并不少见，近五六年中，不止一个村庄因此实施了整村搬迁，政府对待不同村庄的搬迁政策也大同小异。在和亲朋好友的日常联络间，村民们很快打听到一些有价值的消息："也不能提太过分的要求，不要像平家村学习。那个村的人才特殊嘞！别的村是年轻人愿意搬，老人不愿意。他们可好，老人早早都同意啦，年轻人反倒口气不一样，说是，'不行！得让县里和矿上一家一户给安排个工作。'那谁能答复你这个事？最后就没有搬成，现在后悔也来不及啦。实际上（搬迁）大体上对老百姓有好处就行，要是光打自己的小九九，以自己的小利益去操心这个事，根本弄不成！"

专业人士的观点具备指导意义，村委会的办法拥有实践精神，其他村庄的遭遇属于前车之鉴。贾王村村民在综合以上三类信息之后，自然会重新评判原有决策的成本收益比，从而对后续行动方案做出统筹优化。换言之，由于人的心理资源非常有限，在面临复杂的问题时，不得不把整个问题分解为若干个相对简单的步骤，每走一步，都要设想几种不同的走法；然后以同样有限的信息资源为依据，分析判断不同走法的优劣，如果不能达到目标，就退回来重新选择。人们就是在这样一个"试错→纠偏→再试错→再纠偏"的循环搜索过程中，最终筛选出一整套既为主观理性所胜任、又符合客观信息要求的行动方案的。

（三）"随大流"与"服从权威"

我们已经知道，导致理性有限的原因之一，在于单一个体的人的心理

76

资源是非常稀缺的。好在，现实中的人从来都不是孤立的个体，他总会属于若干社会群体，与其他群体成员共同应对周边世界。这些社会群体既有家庭、邻里、亲朋好友等初级社会群体，也有学校、工作单位等次级社会群体。无论身处哪一类社会群体之中，每个人的行为都会受到他人及群体的影响，反过来也会影响他人及群体。也就是说，群体中每位成员的一般行为，都是成员与成员、成员与群体相互影响和整合的结果。如果个别成员的行为异于群体的表现，为消除其负面作用，维护群体的利益，群体成员会采用说服、诱导甚至强制等手段将其拉回到群体理性的轨道上来；如果仍不能奏效，群体便会选择忽略、漠视、孤立等策略进行淡化处理。此时，异化的个体要么选择服从群体理性，重归群体队伍；要么继续坚持，并最终被群体所抛弃。

在村庄这一相互熟知的社会群体中，每位村民都会与别人产生家长里短式的交流。随着交流的频繁与深入，每个人又都会不自觉地受到他人的影响。在这种互相"感染"的作用下，众人对待某一事物的态度就会越来越趋同，出现类似于全流通市场里商品价格"平均化"的现象——这便是带有被动适应性质的"随大流"。那些不肯随大流的村民，很容易被周围的人贴上"寡淡、不合群、难对付"的标签，在参与村庄各类公共事务时，往往需要比别人付出更多的交际成本，此后即使重新回归群体，曾经的"劣迹"仍会固化在其他成员心目中，形成长期的不良印象。群体理性对个体理性的压力之大，在传统村落这一极易造就从众行为的典型环境中，体现得淋漓尽致。我们在距贾王村三公里外的一个农家饭馆用餐时，曾与老板娘聊起了这件事，熟稔民间智慧的老板娘对搬迁的未来形势做出了准确判断："现在不想搬的已经是少数啦，将来不愿意的都会慢慢变得愿意喽，后面剩下的人再不愿意也没脾气。① 要是有人死活不搬也不怕，实在不行，隔过他！"在社会需求和有限理性的支配作用下，贾王村越来越多的农民已从反对搬迁转向赞同搬迁，当赞同的队伍壮大到一定程度，便会对继续反对搬迁的村民施加强大的社交压力。即使反对搬迁者暂时能够顶住压力，众人也可以采取"实在不行隔过他"的手段实施回避，在乡村的"熟人社会"环境里，这种集体选择性漠视是相当可怕的。

更重要的是，村民对待搬迁的态度与行为选择，必然还会受到村庄管理者的左右。作为土生土长的本地人，村支"两委"的主要干部都或多或少地与每家农户沾连着各种各样的关系。无论是村干部还是一般村民，都有彼此增加联络、互相搞好关系的动力。从前者的角度说，不断稳固与村民的感情，可以促使众人支持自己的工作，长远看还能为将来继续连任奠定群众基础；站在后者的立场，与村干部走得越近，便意味着越容易比别人优先获取村庄的最新动态和信息——在面临整村搬迁之类的大事件时，这一点显得尤为重要。对大多数老百姓来说，虽然目前农村基层的治权较农业税费时代已有很大程度的弱化，治理方式也从"强权式"转向了"协商式"，但村干部以其职位便利依旧掌握着村内外许多正式或非正式的资源，并因此继续对村庄的全体成员构成一定的支配力量——此谓另一被动适应性质的"服从权威"。特别是那些搬迁态度游移不定的人，经包户的党员干部多次做工作后，最后都会选择接受搬迁。村民贾某军便这样诉说他的苦衷："我大爹②带着书记亲自上门，又给你递烟，又问你有什么困难没呐，你好意思一直拉个脸？要是连这点面子也不给人家，将来孩子考

---

① 注："没脾气"在当地方言中表示"没奈何、没办法"之意。
② 注："大爹"是当地人对父亲的哥哥的称谓。

学、当兵，或者其他什么事找人家盖个章签个字，随便扒拉个理由就把你
挡回去啦！就算你的手续没有任何问题，也得让你多跑几趟。"一方面是
村庄权力关系中处于核心地位的村干部拿人情、面子及其控制的村内外资
源作为交换条件，另一方面又亲眼目睹那些平时就与村干部关系紧密的村
民获得了更多的实惠，恐怕没有几人能够抵挡这样的诱惑。于是，在村民
们"群体理性"和村干部"理性权威"的双重攻势下，愈来愈多的反对
者选择了"易帜归顺"，熟人社会内部的从众效应无形中得到进一步增强，
整村搬迁工作的障碍不断被清除并得以继续向前推进。

　　人的需求是复杂的、分层次的，相对于生存需求主导的"非理性"和
经济需求刺激的完全理性，由社会需求支配的有限理性令行动者的选择更
具多元化。这些多元化的需求促使农民在旧房评估完成的各类后续事务中
不再执着于"利益最大"或"效用最优"，而开始追求"满意""合适"
就好。当然，对不同的家庭和当事人来说，"满意"与"合适"的标准并
非完全一致和固定不变，就搬迁本身而言，这种标准受到单个家庭的整体
经济实力、家庭拥有的全部社会关系、家庭成员搜集并掌握的信息，以及
迁往城市以后的生计模式、代际联动等因素的共同影响。此为其一。

　　"人的本质不是单个人所固有的抽象物，在其现实性上，它是一切社
会关系的总和。"① 换言之，人的本质属性是社会性，人性是由一定的社会
关系塑造的。个人的自我价值可以通过在社会群体中与他人发生互动来实
现，故此每个人都不可避免地受到群体价值观和群体理性的制约。特别是
在中国农村这种人际交往极其密切的初级社会群体中，群体意愿对个体有

---

① 中共中央马克思恩格斯列宁斯大林著作编译局．马克思恩格斯选集（第 1 卷）［M］．
　　北京：人民出版社，1995：60.

着更为直接的舆论导向力。而村庄的管理者虽然不像传统宗族族长那样掌握极大的宗法权，但仍可通过叠加了血缘、地缘感情的资源分配权对村庄成员施加较强的影响，形成了事实上的理性权威。面对群体理性与理性权威的合力，多数人只能低头"服软"。此为其二。

将两者综合之后不难发现，主观上的生存和经济需求逐渐被社会需求所取代；客观上的"随大流"形势又难以躲过。况且通过迎合群体及权威的意愿而被社会接纳并认可，本身也属于一种社会需求。于是，在多元社会需求支配下的、更具现实意义的有限理性，终于超越了"非理性"和完全理性，成为决定农民"上楼"意愿的最主要因素。

第五节　离土农民的需求递进与理性优化

决策，是人们"做得最多、理解最少"的行为，影响决策行为的主观因素便是人的理性。理性归根结底会受到人类需求的影响。由于人的需求呈现多层次样态，故受其支配的理性也不是单一的，而是多维度的，其中，全部需求中处于核心地位的那一层需求，对理性的选择起着决定性支配作用。这一点，对于包括离土农民在内的任何人来说，都没有例外。理性选择理论的代表人物詹姆斯·科尔曼（James Coleman）认为，社会关系、社会结构、集体决策和行为，归根结底是每一个体为满足自身需求、追求自身利益，在进行成本收益分析之后的理性选择结果。笔者即以科尔曼的理性选择理论为基础，进一步指出生存、经济、社会三类核心需求对离土农民"上楼"意愿渐变的深刻影响，并通过三类需求的逐层递进关系，解释了"非理性"、完全理性和有限理性三种理性的优化过程，使"理性选择"这一抽象的概念变得更加具体化。

一、有限理性是完全理性的优化结果

追求效用最大化是人性逐利的本能。客观地说，建立在"经济人"假设前提下的完全理性具有非常重要的理论研究价值和实践指导意义。然而，完全理性只是一种思考方式、一个理论模型——模型的主要功能恰恰在于提供一种启发性的思考方式。然而，从国民经济长远规划，到企事业单位的经营管理，再到居民个人的日常生活，没有哪一位决策者会脱离社会需求，真正按照完全理性的标准去行事。换言之，"完全理性"只适用于微观经济学虚构的"经济人"，无法适用于现实社会中的"复杂人"。"复杂人"的实际行动必然是综合考虑了各种社会现实需求的结果。

事实上，在决策行动的每一个环节中（包括问题诊断、目标识别、方案的拟定与选择实施，以及最终效果评估），完全理性均能体现出其在思维指导方面的作用。在完全理性的指引下，决策者容易发现行动全过程在哪些方面存在不足，如果主客观条件允许的话，又可在哪些方面做出改进。如此一来，当然有助于决策的整体优化。决策经过多次优化之后，虽然永远也不可能实现效用最大化，但却能在现实条件的约束下尽量接近效用最大化。这些对决策起到约束的现实条件，主观上表现为人类心理资源的稀缺性，客观上表现为外部信息资源的稀缺性。这两大稀缺性，也正是前文所述的有限理性和满意原则的形成基础。于是我们当可做出如下结论：有限理性便是经过优化后的、符合社会需求的、存在于现实生活中的"完全理性"。

二、对离土农民理性优化的回顾

（1）生存需求主导下的"非理性"，是指以土地为主要生计的传统农民，在面临离开土地这一严重的生存威胁时（至少是主观判断生存压力即将明显增大时），为了保障自己的基本生存需求不被剥夺，在本能、习惯和情感的潜意识驱使下触发的反对与抗争。

特别应该指出的是，所谓"非理性"，并不是强调农民缺乏理性，而是代指理性的另一个补充面向——感性。这也是本节但凡出现"非理性"一词时，将其加上引号的原因。

（2）经济需求刺激下的完全理性，指的是人们在开展某一行动时，对自己的不同行为结果做出经济利益上的比较与计算，其目的当然是为了个人效用最大化。在搬迁过程中则体现为：村民在被征土地和被拆房屋的补偿问题上不断与政府或他们心目中的政府代理人（如村干部、评估公司等）进行权衡博弈，试图获得更多的搬迁安置补偿。在各地的搬迁或拆迁过程中，农民表现出的经济需求与完全理性是最常见的，也是最令拆迁主导方头疼的。

这里还需注意一点，离土农民生存需求主导下的"非理性"与经济需求刺激下的完全理性，两者的目的是截然不同的，但外在行为却十分相似，均表现为不同意搬迁。只不过，前者是真心不愿意离开村庄与土地，而后者其实非常渴望搬迁，但其对外表达的态度却是强烈反对搬迁——通过这种形式与政府讨价还价，是他们"弱者的武器"。用老百姓的话说，这叫"会哭的孩子有奶吃"。

（3）与以上两类均可用数字来衡量的需求不同，社会需求的目标是多元化的,它体现了人作为社会性动物,渴望被他人接受并获得他人认可,以及承担群体责任的心理。当离土农民秉持着社会需求支配下的有限理性,面对搬迁这一涉及全家、全族、全村利益的大事件时,不单单只考虑经济目标,开始更多地考虑人际交往、社会适应的目标(比如,为了支援子代实现向上的社会流动,为了照顾包户党员及村干部的面子人情,为了和乡邻四舍统一言行),即使不愿搬迁的情绪仍然存在或者安置条件不达预期,但综合考虑以上各方因素后,还是在搬迁态度和行为上做出一定的妥协,并最终在安置协议上签字。

如果说"非理性"和完全理性解释了农民为什么反对搬迁,那么经过优化的有限理性则解释了农民为什么不当钉子户而选择同意搬迁。

三、不同的离土,相似的理性优化

所谓离土,其实有两层含义,一是离开故土外出谋生,不再从事农业劳动;二是离开土地所代表的村庄,进城"上楼"居住。现实生活中的农民离土行为也可以表现为两者的综合。农民离土的缘由,也分为两类,一是主动离开,多表现为第一类离土的放弃农业生产,转向其他行业;二是被动离开,多指由于政府修建公路、铁路、桥梁、水坝等基础工程而征用土地(含耕地和宅基地),或执行"增减挂钩"政策以图扩展城市土地资源、提高土地财政收入,以及为躲避自然灾害主导村庄整体搬迁等。

在本节的内容中,主要对第二类现象即农民在被动离开家园故土、"进城上楼"的过程中,分别受生存需求、经济需求和社会需求支配下的"非理性"、完全理性和有限理性是如何依次对他们行动决策产生了潜移默化的、渐进式的影响。再反观第一类离土:改革开放初期,由于人地关系紧张，技术条件落后，农业生产效率低下，大批农民离开土地到城市务工，是在恶劣生存条件下做出的不得已选择。当第一代农民工在城市站稳脚跟后，全家老小的基本生存需求亦得到了满足。此后，随着更多的农民流入城市，农村普遍存在的生存压力得到了缓解，务工农民的主要需求开始从"脱贫"转向"致富"，经济利益将决定他们是否在城市长期生活和工作下去。进入 21 世纪后，新生代农民工比他们的父辈展现出更高层次的追求，他们选择永久性地离开土地和农村，远不能用寻求生存和赚钱来概括，而是被城市的现代文明和生活方式所吸引，希望真正融入这种现代化生活图景中去。可见，无论是第一类离土，还是第二类离土，农民都经历了生存需求向经济需求再向社会需求的递进，与此同时，由不同层次需求支配的理性也会发生同步转换。

这一点，或许可以成为我们观察农民行为、解读农民心理、判断农民意愿的重要依据，并进而为乡村基层治理方式的人性化、多样化、科学化和创新化，提供一种方向性思路。

第三章

农民聚落社区的空间重构

第一节　传统乡村社区的共同体形态

滕尼斯曾将传统社会的主要组织形式——社区看作是三种共同体（血缘共同体、地缘共同体和精神共同体）的结合形态。其中，血缘共同体的表现形式是在生活方式和行为习惯上极具统一性的家族。家族通过婚姻、繁衍、分家等正常的演化，便形成许多具有血缘关系的亲属。亲属进一步向外扩展、分离，慢慢地，一些没有血缘关系的外来家庭也会迁居而至，与原来的亲属组成固定居住于同一地域空间上的地缘共同体——邻里。邻里之间由于面临相同的气候、水文、地质、物产环境和人文环境，容易在同一意向上形成相互的支配作用，久而久之则会形成相同的风俗习惯和道德行为规范，在这一基础上，地缘共同体便可能发展为精神共同体。显然，三种共同体之间有着密切的联系，不过，如果说血缘共同体和地缘共同体在动物种群中也可以找到类似形式或关系的话，那么精神共同体则只存在于人类聚居的社会有机体当中。与血缘共同体和地缘共同体相比，精神共同体更强调志同道合，所有成员都认可和接受"默认一致"的思想信念。因此，精神共同体属于人类最高形式的共同体，它是体现人的本质特性的共同体。[①]

在一个普通的、再常见不过的中国传统村庄里，许多家庭聚族而居，家庭与家庭之间往往具备直系血缘、旁系血缘或由姻亲导致的亲戚关系（当然还有一少部分与多数家庭没有任何亲戚关系的"外来户"）；大家族和宗族势力支配着乡村社区的日常生活，历朝历代统治者均依赖和借助这种宗族宗法势力对村庄及其成员实行着有效的管理。[②] 中华人民共和国成立后，特别是随着人民公社化运动的深入，传统宗族势力才被彻底改造。尽管如此，农村的"熟人社会"性质依旧没有发生根本的变化。参照滕尼斯的评判标准，中国的传统乡村社区是否真正达到了精神共同体的要求，还有待商榷，但它至少属于建立在血缘共同体和地缘共同体相结合的基础上，实现了相互信任、守望相助的"准精神共同体"。

第二节　乡村社区共同体的社会空间特质

一、空间的社会学概念

"空间"这一概念最初只存在于地理范畴上，表示"被填充的容

---

① 斐迪南·滕尼斯. 共同体与社会——纯粹社会学的基本概念［M］. 林荣远，译. 上海：商务印书馆，1999：66.

② 沈骏. 社区策划学［M］. 上海：远东出版社，2006：486.

器"。① 除了哲学家康德（Immanuel Kant）把空间看作人类意识层面的直观感受外②，区域学派、空间分析学派的"空间"概念，都是地理学意义上的。如果从物理的角度看，空间是与时间相对的物质存在形式，一般用来表现物质的广延性和伸张性。空间可用长、宽、高三个维度进行衡量，相对于"位置"或"区位"而言，具有明确的立体属性。当需要考察个人、家庭以及各类社会组织的活动范围和路径时，空间显然比"位置"或"区位"更能胜任。

18世纪初，社会学家齐美尔（Georg Simmel）首次指出了"空间"的社会属性。他认为，空间对于社会学的意义在于人与人之间相互关系的可能性，人们在不同的空间场景中会有不同的互动。例如在大城市里，由于生活景象极其混乱复杂，人们对空间上贴近的东西往往表现得很陌生，反而去关注那些遥远的事物，于是经常可以见到同楼道的邻居之间非常冷淡甚至毫无往来。③ 其后，在欧洲主要资本主义国家持续爆发的城市危机过程中，许多学者发现，种族隔离、阶层分化导致的空间对立问题根本无法从地理学和物理学意义上进行解释，于是，社会现实进一步推动着"空间"概念向社会学方向的转化。④ 换言之，"空间"一词越来越频繁地进入社会学的研究范畴，并有向多学科融合演变的趋势。20世纪70年代，马克思主义哲学家亨利·列斐伏尔（Henri Lefebvre）正式提出了社会空间理论，他认为空间既非盛纳静态社会关系的容器，亦非表现动态社会关系

① 阿尔夫雷德·赫特纳. 地理学：它的历史、性质和方法［M］. 王兰生，译. 北京：商务印书馆，1983：10.

② 康德. 纯粹理性批判［M］. 邓晓芒，译. 北京：人民出版社，2004：27 – 33.

③ 齐美尔. 社会是如何可能的［M］. 林荣远，译. 桂林：广西师范大学出版社，2002：307 – 309.

④ 夏建中. 新城市社会学的主要理论［J］. 社会学研究，1998（04）：3 – 5.

的平台，而是社会关系和社会实践的产物。也就是说，空间产生于历史发展进程之中，每一个社会的生产模式都有属于自己的空间，众多社会空间彼此重叠、互相渗透，不同的空间又会形成不同的社会关系。① 从此，社会空间开始作为一种全新的叙事方法和理论视角出现，社会学界称之为空间转向。

二、乡村社区共同体的空间及边界

中国的社区，是一个承载了居民、家庭、基层组织相互关系的载体；同时，依照社会空间理论，也可以把社区看作一个个小型的社会空间。社区的形成与发育正是生产、生活、文化等多重空间形成与发育的过程，在空间的形成过程中，各种社会关系不断呈现，并进一步推动空间的发育。要对这个关系载体或实践过程开展研究，必须强调人与人之间在社会中互相依赖、共存的关系。

与城市社区的理性思维、金钱至上、劳动分工等将人们割裂开来的特点相比，乡村社区长期以来一直维持着以血缘、地缘关系为基础的"熟人社会"模式。这种模式形成了对外相对闭塞、对内知根知底的小社会空间，按照滕尼斯的共同体理论，乡村社区无疑比城市社区更加具备共同体的特征。

乡村社区共同体的空间由三种边界构成：一是自然边界，二是社会边界，三是文化边界。② 其中，自然边界一般是清晰可辨并被官方认可的，形成了村庄生产生活的地理基础；社会边界通过户籍资格来对本村居民的

---

① HENRI L. The Production of Space［M］. Oxford：Blackwell, 1991：16.
② 贺雪峰. 新乡土中国［M］. 桂林：广西师范大学出版社，2003：30.

身份进行法律确认，赋予全体村民包括土地承包权、宅基地使用权、集体收益分配权在内的村庄公共待遇，并奠定了村民间人际关系的社会基础；文化边界则是本村居民对村籍身份的认同感、归属感、融入感，以及对村庄生活价值的正面接受与积极回应。很明显，一个完整的乡村社区共同体正是被有形的自然边界与无形的社会边界和文化边界围绕而成的空间单位。

三、问题的提出——村庄撤并对乡村社区共同体空间的影响

当一个空间和边界均已发育成熟的乡村社区，由于建设征地、扶贫移民、躲避灾害等原因发生了搬迁，然后或易地新建、或与其他村庄合并，首要的直观表现便是社区地理位置的迁移和农民居住方式从散居转变为聚居；然后则是原有生产方式、生活习惯、人际网络的重塑；再其后，为适应内外部环境的巨大变化，基层治理体系也需要进一步规范和完善。这样一来，无论是"撤村并居"型的聚落社区重建，还是"合村并居"型的村落社区整合，乡村社区共同体的三大边界都将同时面临被打乱、待重划的局面，原本由三大边界围绕形成的共同体空间也必然会被消解，并在边界重新生成及巩固以后再次型构。

本书第一章曾对村庄撤并的基本动力机制、实施方案等问题进行了回顾与总结。以往关于此类问题的研究深化了我们对这一现象的认识，通过进一步探讨，还可以发现：（1）既有研究主要将着眼点放在城乡建设用地"增减挂钩"相关政策的执行经验、搬迁撤并实施效果及影响、村庄聚合模式与农民集中居住点整理等方面，鲜有从空间社会学角度出发对村庄搬迁、农民聚居前后的社会空间变化与重构开展系统研究。（2）既有研究对

村庄搬迁前后农业生产方式、农户生计模式、农民社会保障的变化有较多描述，而对聚落社区重建后村民的社会互动、人际交往、文化记忆领域着墨不多。针对以上欠缺，本节将把关注点放在乡村社区共同体的社会空间重构上，即通过对整村搬迁之后农民集中居住条件下生产、生活、社交、文化、组织等多重空间的观察，全方位解析村民、村落以及周边空间关系的显著改变。

虽然乡村社区共同体的空间消解与重构是国家政策、地方政府、基层组织和普通村民"合力"的结果，然而只有承担着基层治理任务的村支"两委"和一个个普通农民家庭，才会对村庄易地重建和集中居住前后的社会空间位移有着最直观、最深切的感受。与政策的制定者和执行者相比，他们应该能够借助亲身经历，更好地回答以下问题：具有行政主导权的易地搬迁政策在改变传统乡村社区的空间布局后，重新建构了怎样的新空间秩序？农民家庭在迁入新型社区后的居住空间形态有什么样的变化？包括生计转型、生活样态、人际网络、心理适应和文化记忆在内的社会空间又在如何转型？

第三节　农民集中居住与聚落社区的空间重构

农民集中居住，又称"农村人口集聚"，是指原本生活在传统村庄的农民及其家庭，被各种自然和人为诱发因素所推动，易地搬迁到城镇或城市，从而将分散居住模式改为集中居住模式的一种社会现象。集中居住的物理空间样态，最常见的是同城市居民一样，住到高耸的小区居民楼内，即所谓"农民上楼"；也有些农民聚落社区并不会简单模仿单元楼宇的居住形式，而是选择在土地相对富余的中心村、小城镇或城郊，结合当地的地形地貌特点进行规划整治，采用线状聚集、面状聚集、放射状聚集等聚集方案，统一建设独门独户的院落。无论何种居住形式，也无论其行动缘起属于政府建设征地、市场交易用地、生态避灾移民、易地扶贫搬迁中的哪一项，农民由分散居住变为集中居住的空间转换结果，一定表现为先腾退出较大范围的地理和物理空间，然后在另一个较小范围的地理和物理空间内重新构建聚落共同体的社会空间。

这种空间转换基于政府自上而下的空间总体规划，是村庄外部约束结构对乡村社区的权力安排，村民的生产生活空间均受到地方政府制度空间的支配。虽然易地搬迁是一种相对理性化的安置模式，但搬迁以后的社会空间能否有效重新型构还存在一定疑问。如果搬迁的动因是为了避灾或扶贫（本书提及的村庄搬迁多属避灾式），固然能全方位改善"生态移民"们面临的自然环境，但是否可能忽视了搬迁后的物理和社会空间压缩对农村居民和家庭形成的束缚和障碍？

当然，这些只是研究者的主观想法，要想了解真实的情况，必须深入民间、直达田野，寻觅那些空间重构既成"事实"的案例。现在，让我们把目光投向三王村和八张沟——两个由政府主导、经企业补偿，分别迁至城市小区和附近集镇的村庄。

一、村庄搬迁前的基本情况

三王村和八张沟①都是 S 县治下的行政村。同山西省多数地区一样，S

---

①　注：本章所述的村镇地名及所采访的村民姓名，亦均为化名。

县也属于产煤大县。根据最新统计资料显示，全县已探明煤炭储量达 42 亿吨，原煤年产量近 800 万吨。丰富的煤炭资源吸引了大量国有和民营资本在此开矿采掘、建厂洗选。得天独厚的自然条件，不仅成为当地经济快速增长的基础，也让后人承担了沉重的环境代价——因长期开挖将地下煤层采空，使得许多矿区附近都出现了程度不一的地面塌陷、民房斑裂、山体移位、地表径流减少、地下水位下降等地质灾害隐患。受地形地貌、水文气象等地质环境条件，以及在经历了反复地挖掘、勘探、挖掘等人类经济工程活动诸多因素的影响，采煤区周边地区接连出现了地表沉陷、采空等现象。前文重点介绍的贾王村，便因此不得不将全体村民迁至县城居住。不过，作为近期成功实施搬迁的典型，贾王新村的主体建设工程虽已基本结束，但各项配套设施尚未彻底完工，村民暂时还不能入住，更谈不上农民聚落社区空间的重新型构。所以，我们选择了这两个多年前就已经整体搬迁、易地重建的村庄作为新的观察对象。

三王村旧址位于 S 县正南 23 公里处，距乡政府所在地 2.5 公里，搬迁前共有 85 户，人口 385 名，耕地面积 460 亩。村庄三面环山，一面是沟，大部分农户居住在七沟八梁一面坡上。据村志记载，该村最早的先民是从河南逃荒而来的三户王姓人家。20 世纪 80 年代初，三王村引进资金开挖地下煤炭，后与同一乡镇的其他煤矿联合成立了红星煤业。经过 20 多年的采掘，村庄及周边的地层受到极大影响，道路、农田频繁出现地鼓和裂缝，所有民居均成为危房，并因此被山西省政府确定为地质灾害重点村。当时受损情况的图像资料难以获得，但仍可从现在的破败场景中一窥十年前的面貌（见图 3.1～图 3.3）。面对严峻的灾害形式，S 县县委县政府迅速做出了三王村整体搬迁的决定，并由红星煤业出资在县城的年华苑小区购置了两栋住宅楼作为安置房。2009 年夏，全村村民一次性迁至县城居住，成为该县历史上第一个因地质灾害而实施整体搬迁的村庄。

图 3.1　民居院墙外的煤矿采空区标识

图 3.2　木柱支撑的门楣

图 3.3　开裂变形的房屋主体

八张沟旧址位于 S 县东南 17 公里处，搬迁前全村共 62 户、256 口人，耕地面积 300 余亩。这个小村的历史不长，村民的祖辈是 20 世纪 40 年代从河南逃荒过来的八户张姓人家，张姓自然成为了本村第一大姓，"八张沟"的名称也由此而来。自 1986 年起，红旗煤业以八张沟和附近另一村庄作为主要的矿脉所在地进行煤炭开采作业。久而久之，整个村域范围都受到了严重影响，与前文所述的两个村庄一样，也出现了地表变形、土层沉陷、建筑地基拱起、墙体裂缝等现象。2007 年，经县国土资源局提出建议、县委县政府讨论通过并报上级国土部门批准，确定了八张沟整村搬迁安置方案。2008 年，由红旗煤业出资 1300 万元，在距村庄 5 公里外的印城镇开始建设一处占地 50 亩的村民集中居住点。建设工程历时两年正式完成。2010～2011 年，村民陆续迁入并最终实现了全体入住。

二、农民集中居住的聚落社区空间重构

农村居民和村庄基层管理者等行为主体的社会活动空间，与城市居民

存在显著差异，从而形成了乡村社区特定的空间结构。村庄搬迁并在城市或城镇易地重建以后，会在部分保留自身原有空间结构模式的基础上，与迁入地的空间结构模式逐渐趋同，从而在不同的空间尺度上呈现出一种多层次融合形态。

（一）生产生计空间

"生产"一词是站在为社会提供产品或服务角度上的，"生计"一词则是站在满足居民及其家庭生存和发展需要角度上的；如果以整体社会空间作为观察对象，两者并没有什么本质区别，因此不妨把它们放在一起来描述。居民的生产生计模式，由职业能力、物质资本、社会资源和维持生计的具体活动组成（其中，个人职业能力又由受教育水平、职业培训、工作经验等因素决定）。不同的生产生计模式，对生产资料的利用方式也各不相同。离土农民生产要素和生产方式的变化，既是聚落社区生产生计空间重构的原因，也是生产生计空间重构的结果。具体来看，可表现在以下几方面。

1. 生产空间与生活空间的分离

从一般意义上说，人类创造了令自身存在的两个主要空间——生产空间与生活空间①，这两者能够同时实现的典型代表便是传统村落。在小农经济条件下，农民的生产生计与生活起居在时间和空间上都结合得非常紧密。乡村社区共同体既是农民的生产劳动共同体，也是他们的文化生活共同体。正如马克思所指出的，"个人怎样表现自己的生命，他们自己就是

---

① 林尚立.建构民主——中国的理论、战略与议程［M］.上海：复旦大学出版社，2012：335.

怎样。因此，他们是什么样的，这同他们的生产是一致的。"① 当人们从乡村迁至城市或城镇，"农民"这个具有双重含义的词汇，对他们中的大多数人来说，便只剩下户籍身份，而不再保留职业范畴。自此，村民们的生产生计空间与生活起居空间就逐渐分离，为谋生而从事的生产劳动在有组织的工作地点或市场中开展，而日常生活则在自家房屋、楼宇院落等狭小空间中进行了，社区完全变成了居民生活的场所，生产生计基本延伸到社区之外了。农民集中居住的安置社区作为城乡融合进程中重新建构而成的基层社区单位，实际上已经与仅提供生活职能空间的城市小区没有根本的区别了。

进一步分析，离土农民生产空间与生活空间的分离可以细化为以下三个层次。

第一层是物理空间上的分隔。传统乡村社区是生产与生活的合构空间，生产劳动与生活起居如同机械齿轮组嵌合在一起，共同发挥着作用。在市镇重建后的聚落社区则主要为离土农民提供生活服务的空间架构，生产劳动需要去远离社区的工矿企业和劳务市场，少数坚持耕作的村民也同样得辗转在家庭、农田、专业合作社之间的道路上。于是，生产场所和生活场景在物理空间上形成了分隔。

第二层是行为方式上的分立。在传统乡村社区的农耕文化环境中，由于生产空间与生活空间嵌合在一起，人们的生产方式与生活方式也相应融合在一起，饮食起居、人际交流、婚丧嫁娶、年节习俗等均与农产品的耕作、收获、加工、储存等生产过程息息相关。迁至市镇后重建的新型农民

---

① 中共中央马克思恩格斯列宁斯大林著作编译局．马克思恩格斯选集（第 1 卷）［M］．北京：人民出版社，2012：147.

聚落社区，虽然大多仍会依照老习惯命名为"××村"，但其本质只属于一种人类聚居形态。现代工商业文明环境下的生产与生活，分别拥有各自的行动逻辑与实现过程，二者在行为方式上形成了分立。

第三层是成员群体上的分治。传统乡村是由血缘、地缘、业缘关系构成的三位一体的社区共同体。在这一共同体中，生产生活空间的嵌合性和生产生活方式的融合性，决定了生产劳动者和居家生活者归属于稳定的同一群体。基层政权对村庄的社会治理和对全体成员的组织管理也必然是统一的。而迁至市镇后，如同前面所描述的生产场所和生活场所分隔于不同的物理空间，生产方式和生活方式分立于相异的行为表现，这样一来，生产劳动者和居家生活者当然归属于不同的群体。生产部门和社区单位在成员群体和管理对象上形成了分治。

2. 劳动就业空间的"农转非"

"农转非"的本义是指农业（农村）人口通过各种渠道转为非农业（城市城镇）人口的一项户籍管理政策。此处是用它来借喻农民从村庄迁至市镇集中居住后，由于远离了土地这一最重要的农业生产资料，从而被动式放弃农业劳动，转而从事非农业生产的现实选择。三王村和八张沟搬迁前后村民们的生产生计模式和劳动就业空间转换，当可管窥其中一斑——

村庄搬迁之前，除了外出务工的青壮年和仍在上学的孩子，留守村庄的中老年人和家庭妇女大多以务农为业，承包的耕地离家不过一二里，院里种着蔬菜供全家人食用，养猪的虽然不多了，但喂鸡的还大有人在。"在村里头住的时候，主要种的是玉茭和小米。玉茭这个东西好种，平常就不用管它，等秋天了每亩地差不多能收一千来斤，晾干以后能卖个八九百块钱；小米就没呐人卖了，都是自己（家）吃，再给城里的亲戚送上几十斤。还有就是每年过年啦，过八月十五啦，大队都给按人头发大米和面，粮食一般就不会不够吃。菜在院子里面就能种，小葱、黄瓜、豆角，还有洋柿子和大辣椒①，做饭的时候叫孩子去现摘上一把都能赶上炒。到了冬天就不行啦，将能②腌个酸菜，腌个浆水菜，剩下的大部分（菜）就都得去外边买了。"（八张沟张小万）

村庄搬迁以后，承包的土地虽未收回，但由于距离遥远，交通不便，连农具、化肥的存放都成了问题，城市的楼房和城镇的庭院均不再适合喂养家禽，多数家庭只能将土地流转，甚至任其荒废，绝大多数村民不再从事农业生产劳动。据我们的不完全统计，截至 2019 年末，除了那些通过升学、公务员考试、事业单位入编考试等渠道吃上"公家饭"的人外，两个村庄的青壮年男子③在外地务工或在本地工矿、商贸企业就业的合计占到了90%以上；80%的青壮年妇女走出家门，到商场超市、酒店宾馆、便利店、家具城做售货员、服务员、收银员、保洁员等工作；大约20%的中老年男子也同青壮年人一样出去打工，从事技术性不强、体力要求不高的简单重复性劳动，如企事业单位门卫、社区或工地保安等；中老年女子往往留在家中做各种家务活，顺便替子女照顾下一代。而那些有点积蓄或有点手艺的村民，往往会申请一张个体工商户营业执照，开个农家餐馆、摆个特色小吃摊之类——三王村的靳慧芬和八张沟的张习武，便是其中的

---

① 注：当地方言中，有时把西红柿称为"洋柿子"，把青椒称为"大辣椒"。
② 注："将（jiāng）能"，当地方言，意同"只能"。
③ 注：青壮年与中老年只是一个大致的年龄标准。为便于统计，我们参考了民间的一般说法，将 50 周岁以下的成年人界定为青壮年，50 周岁以上的则属于中老年；其中，根据《中华人民共和国老年人权益保障法》第一章第二条的规定，"老年人是指 60 周岁以上的公民"。下同。

典型。

靳慧芬，女，38 岁，2004 年嫁到三王村，婚后育有一子一女。村庄搬迁前，丈夫常年在外务工，每年只在清明、中秋、春节等重要节令回家短期居住。2009 年整村搬迁时，按照安置协议的规定，符合条件的本村青壮年男子可由红星煤业解决就业，于是，丈夫从外地返回并被安排到该集团的下属煤矿上班。2012 年，两个孩子都上了小学，赋闲在家的靳慧芬经过征求家人的意见，在 S 县体育馆附近开了一家小吃店。由于她的家常菜手艺娴熟，小吃店环境卫生、价格公道，很快吸引了大批回头客。半年后，店面规模扩大，丈夫遂辞去煤矿的工作，回家照顾生意，并将小吃店正式更名为"慧芬夫妻美食店"。谈及饭店的经营情况，靳慧芬的话语中明显有自谦的成分："也没呐个甚呀！咱这儿都是些老百姓的家常饭，（顾客）在家自己也会做，大伙儿就是图个方便和干净才来（光临）的。其实也挣不了多少，刨去房租水电和饭菜的（原）料，再交交工商管理费和卫生费，月把也就挣……（略停顿）一万来块吧。主要是咱不用雇人，我在后面炒菜，他（丈夫）照顾前面，还有几个本家侄儿侄女帮忙，管吃管住再学着点炒菜。我们村在县里开饭店的差不多有十几家嘞！对面街过去那个'故乡情粗粮馆'是两家人合伙开的，人家的生意才叫好嘞！"当被问到搬迁后生计状况的变化时，她答道："要说挣钱和孩们上学，肯定还是县城（好）吧，要说是空气新鲜、吃住便宜就得数村上啦。刚搬到城里的时候，我公公和村里有些老头儿老婆儿还隔三岔五回去（老村）种地嘞，这会儿基本上不去啦。一个是离得太远，再一个是住着楼房种地也不像。①

---

① "不像"，当地方言，有"不合适、不匹配"之意。

要说我们（的身份）都还是农民，可是不管是平常生活呀，还是出去挣钱呀，实际上已经和城里人看不出来什么区别啦。"

张习武，男，43岁，全家五口人，妻子患有严重的腿疾，女儿读初中二年级，父母亲均健在。他还有一个哥哥，两位老人的赡养事宜由兄弟俩轮流负责，每三年一换。张习武家劳动力单一，妻子又是残疾人，经村镇两级评议审核，被S县扶贫办认定为建档立卡贫困户，S县检察院是他家的联系帮扶单位，主要是帮助代缴一家三口的社会保险。由于经济条件所限，张习武家在八张新村的房屋装饰很简单，只用白垩粉刷了墙壁，用水泥铺平了地面，家具家电都比较陈旧。对目前的生产生计状况，他是这样叙述的："我原来在红旗（煤）矿上上工，后来觉得它那儿工资太低，又不能天天回家。本来家里就负担重，媳妇又不能干活，她腿不行，连门也不能出，就是守住家给闺女做个饭。后来我就不去矿上了，自己做凉皮到街上卖，生意不是特别好吧，可是就算来回圪串①的也比在矿上挣那俩死工资强。我觉得我们村搬到镇上挺好的，每家都有一个院儿，还能做个小买卖。要是搬到县里上了楼，就没呐这个条件啦！比方说我要卖凉皮，光是车子和做凉皮的用具，连个搁的地方也没呐。"当问及家中承包的土地和农活时，张习武坦承："像我这个年龄的人，还没呐搬迁那会儿，就已经不咋种地啦，都是老人们在种，每年收秋的时候叫我和我哥去帮忙收一下。更不要说比我们还年轻的那些人啦，恐怕连谷和黍也分不清。搬到这儿以后，家里现在总共还剩几亩地、哪块地种什么，我根本不操心，也顾不上管。可是我爸我妈直到现在还要去上地嘞，不让他们去也不行，反正

---

① "圪串"，当地方言，走街串巷的意思。

他们在家闲得也没呐甚事。"

像靳慧芬和张习武这些 40 岁左右的中年人,在十年前村庄搬迁之际,还是 30 岁上下的青壮年。无论在城市还是农村,这个年龄段的人都是家庭的顶梁柱和主心骨。也就是说,他们虽然不能代表三王村和八张沟的全体居民,但其生计模式和就业选择却一定属于所在村庄或社区的主流。从现实状况来看,他们解决生计和就业问题的普遍做法是:村庄搬迁之前,或外出务工,或在家乡所在地的工矿企业打工,只在农忙时偶尔协助父辈完成一些对体力要求较高的农活;村庄搬迁以后,就业环境及渠道与农业完全脱钩,不过,只要条件(交通和距离)允许,他们通常不会反对长辈继续务农——这大概是农二代对土地仅剩的一点感情了。

从更广阔的视野看,21 世纪的前二十年,是我国社会主义市场经济体制建设不断完善的二十年,是基本实现工业化和信息化、推进国民经济结构战略调整的二十年[1],也是广大青壮年农民纷纷离开土地,投身非农产业谋求生计改善与收益增加的二十年。由于各种农副产品的市场供应越来越充足,多数农民不再把自己家的粮食生产自给自足作为劳动就业的首要目标[2],况且随着农业机械化水平的提高与轻简便农业技术的推广应用,中老年人也可以较好地完成以前须由青壮年从事的重体力农活,于是,大量优质劳动力从第一产业中释放出来,以"离土不离乡,进厂不进城"或

---

① 江泽民. 全面建设小康社会,开创中国特色社会主义事业新局面——在中国共产党第十六次全国代表大会上的报告 [M]. 北京:人民出版社,2002:21.
② 梅东海. 社会转型期的中国农民土地意识——浙、鄂、渝三地调查报告 [J]. 中国农村观察,2007 (01):36-46,81.

"离土又离乡，进厂又进城"的方式向第二和第三产业流动。① 在这一城乡融合的时代巨潮影响下，中国农民"以农为本"的单一就业渠道逐渐被农工商多元化就业渠道所取代。也就是说，即使不存在村庄易地搬迁，青壮年农民的"土地情结"也已经淡化；政府或企业等外部力量主导的"撤村并居、农民上楼"，只是令这一现象的整体进程得到加速罢了。

3. 部分中老年男子对土地的坚守

土地，是传统农民的生计寄托。在大多数 20 世纪 70 年代以前出生的农民眼中，土地、种地和生计是缺一不可的。② "没有地，种什么？不种地，吃什么？吃不上，还咋活？"农民用极其简单且直白的语言，便阐明了土地、种地、生计三位一体的逻辑关系。几千年来，伴随着精耕细作农业的一步步成熟与发展，乡土性成为中国农民的重要特征。正如费孝通所指出的那样，在土地上劳作，是传统农民最普遍的谋生途径。土地不仅是农民的命根，在某种意义上，它甚至成了乡间地位最高的神。土地的非流动性把不同地域的村庄形塑成一个个生于斯、死于斯，彼此熟悉、没有陌生人的乡土社会。③

随着 20 世纪 80 年代末进城务工潮的兴起，各地的城市化进程亦不断

---

① 注："离土不离乡，进厂不进城"是指改革开放至上世纪 80 年代中期乡镇企业迅速崛起后，大量农民离开土地进入附近的乡镇工厂从事工业产品的制造；"离土又离乡，进厂又进城"则是从 20 世纪 90 年代起，内陆农村劳动力离开本乡本土，流向沿海地区或周边大中型城市的外向型出口企业、劳动密集型企业和城市服务业。近年来，务工农民远赴经济发达地区的趋势明显变缓，劳动力"回流"现象则越来越突出，相当一部分新生代农民工选择回到家乡所在地的城镇、县域、地市务工，以此实现就地工业化和城镇化。

② 王希辉. 民族杂居山区农民工与农民土地意识变迁——以乌江下游小王村为个案 [J]. 湖北民族学院学报（哲学社会科学版），2007（01）：46 – 50.

③ 费孝通. 乡土中国 [M]，北京：生活·读书·新知三联书店，1985：1 – 5.

加快，中国农民的乡土性特征越来越弱化，种地对家庭生计的重要性变得越来越低，农民的土地意识伴随着与土地的分离而发生了结构性的变化。那些自打记事起就从农村走出来的农二代和农三代们，从生活方式到职业取向，从个性心理到社会交际，都早已不再属于"传统农民"的范畴，两亩地在他们心目中的地位，或许难以同一部式样新颖、功能齐全的苹果手机相提并论。不过，农民整体规模的庞大恰恰凸显农民个体的异质性，这就导致不同类型农民的土地意识存在着较大的差异。某项实证研究表明，虽然农民群体依旧拥有较强的土地意识，但群体内部却存在着相当明显的结构性差异——农业产出占家庭生计的比重，家庭务农人口的多寡，农民个体的年龄、性别、婚姻状况等，都是影响其土地价值取向的重要因素。其中，年龄越大的农民土地意识越强烈，而处于同一年龄段的农民，女性的土地意识又显著低于男性。①

　　仍以三王村和八张沟为例，当村庄整体搬迁至县城和市镇后，原本就已经不把农业生产作为主要生计来源的青壮年人，终于彻底摆脱了土地的"束缚"，从工作到生活，和城镇居民的差异日渐一日地缩小了。反观那些老年人，他们在乡土气息的熏陶下长大成人，在"以农为本"的观念下日夜劳作，土地、种地和生计在他们的价值体系中，真正形成了三位一体、不可分割的整体。即使在村庄因外力主导搬迁至城镇后，他们中的许多人仍然不愿意完全割断与土地的联系。

　　前面靳慧芬和张习武的谈话中不约而同地提到，他们的父母亲在村庄搬迁以后仍然时不时回到老村，去自家承包的土地上干农活。所不同的

---

① 陈成文，鲁艳. 城市化进程中农民土地意识的变迁——来自湖南省三个社区的实证研究
[J]. 农业经济问题，2006（05）：29-33+79.

是，三王村迁到了距老村整整 23 公里的县城年华苑小区，而八张沟则在距老村 5 公里的印城镇易地重建。前者的这个距离用老百姓习惯的计量尺度表示，是将近 50 里地，远远超出了一般农户开展农业生产的最大耕作半径。[①] 仅凭常识便可得知，耕作半径过大必然会增加农民的交通成本，提高农民的劳动强度，也直接导致三王村自愿种地的老年人无法长期坚持下去。于是便出现了靳慧芬所说的"刚搬到城里的时候，我公公和村里有些老头儿老婆儿还隔三岔五回老村种地"，后来就"基本上不去啦"的结果。与之相比，尽管八张沟新村的耕作半径也较老村增加了一倍以上，但还处在人们的可接受范围内，因此才有了张习武口中"我爸我妈直到现在还要去上地，不让他们去也不行"的描述。

我们首次前往三王村新村和八张沟新村调查时，先去了这两个村庄搬迁之前的旧址，希望亲自体验一下"消失的村落"的感觉。在三王村旧址，除了两排临时搭建的轻钢结构简易房内有几名护林防火队员聊天打牌外，整个村庄阒然无人，只剩一幢幢远观似乎还好，近看断壁残垣的院落张着黑洞洞的大门监视着外来的不速之客。有了这样的心理铺垫，当路过八张沟旧址时，我们想当然地认为它也应该和三王村没什么两样，便不再打算进荒村逛废墟。然而出人意料的是，在落日余晖的映照下，村头一间旧房的屋顶居然冒出了炊烟！趋近细看，在一个木篱笆围成的小院里，立着半垛北方乡间常见的玉米屯，几只土鸡正在地下啄食，一条半大黄狗冲上来，朝着陌生人狺狺而吠。狗叫声惊动了主人，一位年近七旬的老人出来喝退了看门狗，请我们进屋躲避寒风。于是便有了下面这番对话。

---

① 注：耕作半径是耕作地块与农民居住地的实际距离，由于农户可能取得多个地块，因此将最远地块与居住地的实际距离作为最大耕作半径。

Q：老师傅做饭嘞？

A：煮个稀饭。我给你们端开锅烤烤火吧？

Q：不用不用！老师傅你贵姓啊？

A：不敢，我姓张。

Q：你家还住在这儿嘞？

A：家在印城住，这边儿的老房子也时常回来看看。

Q：快过年了，得回印城呢吧？和孩子们一块儿住。

A：孩子不在家，在市里嘞。

Q：孩子在市里买上房子啦？

A：嗯，买了一间房。

Q：然后你老（夫妻）俩在印城住？

A：在印城住，也在这儿住。这儿近点儿，本来搬上走啦，又返回来了。这些玉芡也没往印城拉，就在这儿杵下了。

Q：已经搬那儿（印城）了，还种什么地？

A：搬那儿了，你不种地，如何生活呀？要成天花（钱）嘞。

Q：村里像你这样回来种地的还有多少？

A：都回来了。

Q：都回来种地啦？

A：我这个年龄的基本上都要回来种嘞。

Q：那他们回来也和你一样住在这儿？

A：不住，来回跑嘞，开上车跑。

Q：开车还是骑车？

Ａ：有的骑车，有的开车，甚也有。

Ｑ：开上车来种地？

Ａ：噢，可不是吧……（笑）

Ｑ：那收下来的玉茭咋办？

Ａ：他们都拉回印城，就我两家没往印城拉，东坡还有一家在低处陪我。

Ｑ：他也有一个院儿搁玉茭？

Ａ：他没院儿，就那样随处放着。

Ｑ：搬到印城镇比咱（老）村里好不好？

Ａ：在印城光坐着①嘞，甚也不做。你说能做甚？

Ｑ：在那儿比在这儿住好吧？

Ａ：唉，要说房子了，倒是印城好，要说种地了，还是村里好。人老了就不说这些啦，老了也就不管它是好还是歪。反正都在这儿住惯了，（虽然）没人了，可是在那儿（新村）更灰得不行。②

Ｑ：你们村姓甚的多？

Ａ：姓张的多，姓李的也不少。姓张的是两头张，姓李的也是两头李，都不是一家，旁的姓就很少了。村小。

Ｑ：有多少人？

Ａ：有二百多吧。

Ｑ：二百多，就是四十来户？

---

① 注：在当地方言中，"坐着"经常用来形容"闲得没事干"。

② 注："灰"在当地方言中经常用来形容人的孤寂心理，"灰得不行"表示非常无聊、实在没劲。

A：六七十户。每户人少。

Q：好，那你快忙做饭吧，我们就走呀。

A：你们烤烤火再走呗，外头冷。

Q：不用啦，你快忙吧。

A：没事，我也不咋忙。那你们慢点走啊！

以上谈话内容中"我这个年龄的基本上都要回来种地"的说法引起了调查组成员们的兴趣，在辞别张老汉并入驻位于印城镇的八张沟新村后，我们专门就此问题走访了多位 60 岁以上的老年人。据他们回忆，村庄一搬迁到镇里面，各家各户都分到了带二层楼的院落。尽管居住环境得到了很大改善，可是许多老人特别是老年男子又开始觉得光在家里闲坐着"没呐意思"，想学年轻人一样出去打个工吧，镇上毕竟不像市里和县城有那么多的用工门道，大多数雇主都嫌他们年岁太大，就算有个别地方愿意给个机会，"咱除了扫地看大门甚也不会""见天憋屈在那儿，还不如种地自在嘞"。在镇上过完第一个新年后，马上到来的春耕一下就把好几位成天念叨庄稼地的老汉勾回了老村，有人这一带头，越来越多的老人纷纷扛起还没舍得扔掉的镢锄走向田间地头。

八张沟的李艳兰是远近闻名的民间剪纸艺人，并被 S 县工艺美术家协会吸收为正式会员。她的父亲李老汉一聊起回老村干农活的事就停不住口，内容涵盖了种地心态、来往交通、收获运输、农资农具、未来趋势等各个方面："住这儿还不如老地界儿嘞！老地界儿起码上哪儿也随便。咱老了没用啦，找不上活干，能种一棵（苗）就种一棵（苗），能卖一个（粮）就算一个（钱），人家年轻人可不种……我家原来种的有六亩地，现在还种着三两亩，荒了一多半儿……老村倒是稍微有些远吧，骑个车子圪蹬上半拉小时也就到啦，在家里待着也是浪费（时间）。打下来的玉茭让孩子多跑两趟拉回（新村）来，种地的家伙不用带，（用完）就扔地里头，反正也没人捡，拿回来还没地方搁嘞！现在的人种地可会省事啦，光打（农）药，我不打，打了药，地就寡了①呀！化肥倒是不用自己操心，人家（卖化肥的）为了挣钱咋也能给送到地里……再过上几年，咱也种不动啦，山坡地又没人愿意要（流转），让它荒了拉倒吧！"

后来，在与村支"两委"主要干部座谈时，村支书李水兵也提到，许多老年人为了种地，不得不像钟摆一样，在老村和新村之间做着往返式短暂迁移；不过，他又告诉我们，其实还有一些脑瓜儿活络的村民，既希望继续从事农业生产，又不愿像别人那样来回颠簸，从而搞出来一种变通的法子："换地"。

所谓"换地"，并非简单字面意义上的"交换土地"。据李水兵介绍，作为历史悠久的千年古镇，印城镇从汉代开始就逐渐成为黄河以北的冶铁中心，自古以来都是全国闻名的铁货交易集散地和商贸重镇。当地百姓的商业观念与经营意识远远超过同地区其他乡镇的人们。改革开放后，很多人宁可骑个三轮车出去做小买卖，也不愿从土坷垃里刨食。这样一来，镇郊及周边村庄便出现了许多无人耕种的土地。八张沟人迁来以后，有些机灵的村民马上发现了其中的机会："这么平这么好的地，他们不种，那咱们去种行不行？"经过协商沟通，印城镇附近村庄的原住村民便将一部分土地转包给八张沟村民；同时，这些八张沟村民也将自己在老村承包的土

---

① 注："寡了"，此处指因过度施洒农药导致土地肥力下降。

地转包给了其他人。

李水兵进一步说道，这种行为其实算不上真正的土地流转，因为双方并没有签署相关协议、履行必要手续，把土地包出去的印城人几乎都不向八张沟人收取租金。有时"雇农"感觉实在过意不去，主动提出给"地主"送一点当年收获的粮食蔬菜，也被后者婉言谢绝了。"人家什么都不要，就是不想让地荒了，你帮他把地养着点就行。人家都在外面挣钱，不在乎这。"当被问及既然如此，为何还有不少老年人仍然回老村种自己家的地，而不肯租种印城的土地，李水兵解释道："老村大部分都是山坡地，不好，一般没呐人愿意（替咱们）种。老人们都对自己的地有感情，舍不得让它荒了，还能不管自己的（地）去伺候别人的（地）？那些换地的，好多也是因为他家（在老村）的地比较平，有人愿意替他种，要不然也换不成。"

通过三王村和八张沟农业生产现状的描述与比较，不难得出如下结论：（1）农民的土地意识具有明显的差异性。与新生代农民工及他们的后代相比，大多数中老年农民对土地拥有强烈的价值认同感——这主要是由于他们长期从事农业劳动，对土地投入了巨大的情感，进而形成对土地的路径依赖；（2）土地仍然是部分农民重要的生计保障。特别是对于受教育程度偏低、劳务技能缺乏的中老年农民来说，即使能够在城市谋得低端就业岗位，收入与付出也完全不成正比——因此只要条件允许，他们大多不肯放弃农业生产；（3）耕作半径对离土农民继续从事农业生产的制约作用极大。在其他条件不变的情况下，从住宅、社区到耕作地块的距离是开展农业生产时必须克服的空间阻力——尽管中老年农民的业余时间比较充裕，但交通成本对他们种地热情的影响还是非常大的。

总体上看，当三王村和八张沟这类为躲避灾害而搬迁的村庄，在发展条件较好的安置区易地重建后，灾害造成的潜在风险完全消失，村庄自然环境的外部脆弱性就会大大降低，但是搬迁本身带来的部分财产损失（用老百姓的话讲，叫作"破家值万贯"）和原有生产方式的淘汰化以及社会网络的破碎化，又使离土农民生产生计的内部脆弱性明显增加。只有当安置工作基本完成后，离土农民的生计模式得到调整，社会网络基本恢复，这种脆弱性才会逐步降低。[①] 从这两个村庄的实际情况看，当村民在新的聚落社区集中居住后，将不断融入到城市城镇的开放化、市场化、社会化的分工体系中，其生产生计发展的重点必然会从农业领域转向能够充分利用城市社会和经济资源的工商服务业——这不仅是城乡融合背景下许多类似村庄的产业发展总趋势，也是新生代农民工及其后代劳动就业的主动选择。与之对应的是，由于思想观念、生活经历、发展前景等方面的差异，相当一部分中老年农民并不情愿被动接受"农转非"的生计转向安排，如果条件允许，他们很可能会坚守在土地上，把以种地为典型的农业生产进行下去，成为村庄搬迁后生产生计模式中的一个特殊分支。可以想见，当这一批克服种种困难仍在坚守土地的进城农民真正老去，再无力从事农业生产时，传统农耕生计模式便会因彻底失去了劳动力这一重要的再生产基础而变得难以维系下去了。

（二）生活起居空间

生活起居空间是与人类联系最紧密的一种活动空间，其广义概念包括了起居物理空间、社交人际空间、文化记忆空间等多个层级；而狭义概念

---

① 郑娜娜，许佳君．易地搬迁移民社区的空间再造与社会融入——基于陕西省西乡县的田野考察［J］．南京农业大学学报（社会科学版），2019，19（01）：58–68，165.

则只表示广义范围中的第一层，即体现人们居住形态的物理空间。由于起居物理空间直接为人们提供了遮蔽风雨的场所、休闲娱乐的场所和社会交往的场所，如果没有物质意义上的起居空间，那么社会交往、文化习俗等精神意义上的空间均无法正常实现。基于此，笔者对生活起居空间的描述主要站在狭义角度，观察村庄搬迁前后农民及其家庭在日常生活作息的地域、方位、空间尺度等方面发生的变化；至于广义概念中的另外两层——社交人际空间和文化记忆空间，则置于后文进行介绍。

1. 村庄整体居住空间格局的改变

作为村落社区地域范围内居住分布及相互作用的空间系统，农户生活起居的物理空间在不同地域的空间尺度上将有不同的体现形式。[①] 传统乡村的居住空间受自然地理环境的影响非常明显：地势平坦、交通便利的村庄，农民的居住点呈密集的团聚状分布，并有一个明确的中心功能区（如村委会办公场所、商店、学校等公共设施），整个村庄以中心功能区为核心向四周扩展。这种团聚形态不仅提高了居民和村庄管理者利用公共设施的便利性，也最大限度地节约了土地，同时亦可使多数农户保持大体相同的耕作半径。位于山区、丘陵地带的村庄，由于受地形限制，农民的住宅呈十几户、三五户，甚至独门独户的零散分布，村委会等公共建筑和活动场所也不一定处于村庄的核心位置。建筑之间的道路曲折狭窄，形成高低错落、自然生长的分散状空间结构，从外观上不易判断整个村庄的范围和轮廓。而在河谷川道地区，村庄布局往往呈带状结构，住宅和公共建筑大

---

① 李伯华，曾菊新. 农户居住空间行为演变的微观机制研究——以武汉市新洲区为例[J]. 地域研究与开发，2008（05）：30 – 35.

多沿河流、沟谷的走向线性排列，和山村一样没有明显的社区中心。①

当村庄因种种原因整体搬迁到市镇以后，聚落重建社区的空间格局将发生本质的改变。首先，重建社区的住宅分布、路网形式、公共场所、景观环境等方面不再依地形地貌自然生成，而是由搬迁主导者（政府或企业）进行人为的统一规划设计；其次，出于节约土地、减少投资和方便管理的需要，同时也为了与城市建筑的外观相协调，原来散居的农户将被集中安置"上楼"，形成与城市住宅小区相同的非个性化、无差别居住模式；第三，村委会、红白理事会等基层管理机构和居民自治机构也将一同迁移，办公地点多设在紧邻住宅区的显著位置，亦可作为村民们的公共活动场所；第四，村庄迁移后，行政管辖权往往不发生改变，还隶属于老村所在的乡镇，村支"两委"干部开会、汇报工作以及村民参与官方组织的文体活动时，仍需赶回乡镇政府所在地，无形中增加了往来的交通成本。

仍以三王村和八张沟为例。三王村原址处在一个三面环山的山坳中，中间地势平坦开阔，便于修造各类建筑设施。从图3.4的村庄全景照中可以看出，农户住宅点呈块状聚集形态，并沿一条交通主干道隔成为南北两个区块，四周山地间分布着各家承包的农田。村庄核心位置是原来的三王村小学（以大写字母 A 标注），村委会所在地亦紧挨学校。学校大门正对着一大片空地，原来是逢年过节时村庄"闹红火"的公共娱乐场所；村庄迁走后，所有的建筑均成为危房，此处便搭建了两排轻钢结构简易房，平时供护林防火队员休憩，新村有老年人去世后如需回老村安葬，家属也能利用这地方临时办一办"白事"。而位于县城年华苑小区的三王新村（见

---

① 乔家君. 中国乡村社区空间论［M］. 北京：科学出版社，2011：52.

图3.5），则完完全全呈现出一副城市社区居民楼的生活场景，与老村的传统村落居住空间形成了极其鲜明的对比。

图3.4　三王村旧址全景

图3.5　三王新村居民住宅楼

　　再来看八张沟，该村村民的居住空间变化情况与三王村既有类似之处，又存在较大差别。八张沟与三王村的旧址均位于 S 县南部的山区，可是前者并不像后者那样拥有大块平坦开阔的建设用地，整个村庄 60 多户人家的房屋主要建在一条山沟的东西两侧，呈现高低起伏的层叠状空间分布格局，极少出现五家以上住宅聚在一处的现象，个别农户的住宅甚至四邻不靠，独自依山间凹进地形而建。站在任意一个院落里向四处观察，十几米开外的其他建筑便会被山坡拐角、树枝灌木遮挡而无法看到。各家承包的耕地支离破碎地分布在周围的山坡上，少有连绵成片的平地，小型农业机械亦很难驶入，耕作和收获全靠人工完成——这便是前文中李老汉所说的山坡地不好向外流转的缘故。2008 年，村庄决定整体迁往印城镇时，由于镇上的土地资源远不如县城那么紧张，村民又不习惯上楼居住，经与投资方红旗煤业协商，安置房采用了独门独户的院落构造形式，户均建筑面积达 200 平方米。建成后的八张沟新村位于印城镇政府斜对面，规划占地 50 亩。整个社区以最南边一片东西走向的集体耕地为起点，向北依次划分为 A 区、B 区、C 区共 78 座房屋（见图 3.6），用来安置全村 62 户居民（后增加为 72 户），并为村委会、红白理事会、村民图书室、便利店等基层管理、公共服务部门及社区商业机构提供日常办公和业务经营场所。统一设计建造的住宅都是带院落的双层复式结构（见图 3.7），在改善人居环境的同时，能在较大程度上保留搬迁前的居住空间格局，对村庄生活习惯的影响相对较小。

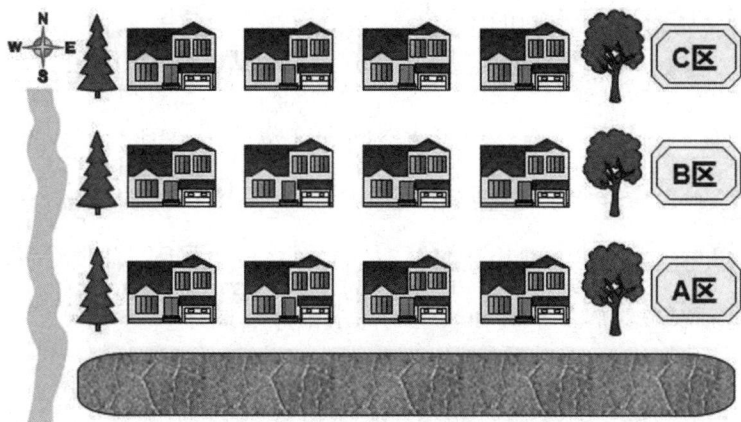

图 3.6　八张沟新村平面布局示意图①

图 3.7　八张沟新村部分住宅外观

---

① 注：此图仅为八张沟新村的简要布局，实际房屋多达 78 座，无法一一列示。

2. 农户生活起居空间的压缩

程连生等人通过对山西省祁县、平遥、太谷部分村庄农户的居住分布情况进行研究，认为影响农户居住空间和区位的主要因素来自四个方面：村庄农户数量（H）、家庭经济实力（E）、空间欲望强弱（S）和地方土地政策（L）。这四类因素相互交织在一起，构成了如图3.8所示的雷达模型，决定着农户对居住空间和区位的需求偏好及选择。[①]

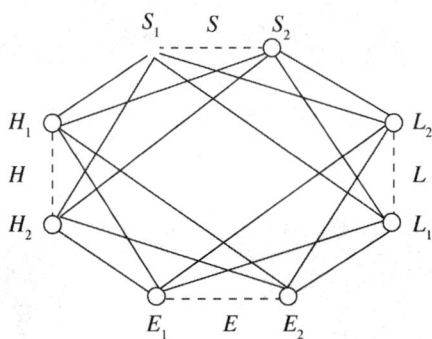

图 3.8 农户居住空间影响因素模型

我们对 S 县多个村庄进行实地调查后发现，这个模型是比较符合实际情况的。受上述四方面因素的共同影响，在改革开放 40 年内的不同时间段里，农村家庭的居住空间增减变化大约以每 10 十年为一个分界点，呈现出"快速扩张→缓慢扩张→快速缩减→缓慢缩减"的趋势。20 世纪 70年代末至 90 年代末，农业经济、农村人口和乡镇企业都得到了快速增长，多数村庄的居住空间变得越来越无法满足需求，直接引发了乡村社区的居住空间扩张。其中，整个 80 年代扩张速度极快，90 年代扩张速度变缓。

---

① 程连生，冯文勇，蒋立宏. 太原盆地东南部农村聚落空心化机理分析［J］. 地理学报，2001（04）：437–446.

从 21 世纪初至今，随着城市化进程的加快，农村人口持续外流，虽然部分早期外出务工的农民开始回流村庄，但更多的农二代和农三代在企业扩产和高校扩招的影响下有序流出农村，导致乡村社区居住空间缩减。其中，21 世纪前十年缩减速度较快，不少村庄出现"空心化"现象，后十年虽然缩减速度变缓，但缩减趋势并未发生本质改变。如图 3.9 所示，以大约每十年为一个时间分位点进行观察，乡村社区居住空间扩张或空间缩减基本可分为以下四个阶段。

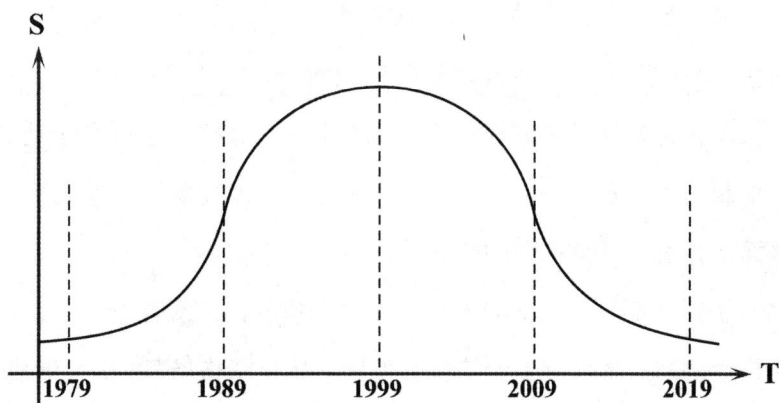

图 3.9　改革开放近 40 年来农户居住空间扩张及缩减趋势①

（1）膨胀式快速扩张。如同"摊大饼"那样，以原居住地为圆心向四外延伸，多发生于 20 世纪 80 年代。扩张动力来自农户家庭人口增长和年轻人婚后分家的自身需求，以及农村经济快速发展、乡镇企业不断壮大等外部环境改善所致。

---

① 　注：图中横轴表示时间（time），纵轴形容扩张或缩减速度（speed）。另外，本图是用外观形状定性地说明改革开放 40 年来农户居住空间的扩张和缩减趋势，时间点仅为约指，速度也无统计数据支撑，整个趋势图并不具有函数意义。

（2）跃迁式缓慢扩张。当村庄家庭数量和人口规模达到一定程度，增长趋势明显放缓；同时，许多村庄可用于修造新房的宅基地变得紧张起来。为了寻求更好的生存空间，一些农户便以原居住地为起点，向村庄边缘甚至村庄以外的区域跃迁式扩散。不过，这种跃迁式扩散的速度非常缓慢，乡村居住空间的扩张大体在20世纪90年代末达到了顶峰。

（3）空心式快速缩减。随着20世纪90年代中后期分税制改革的全面铺开，乡镇企业纷纷倒闭或改制，大量青壮年劳动力外流，农村经济增长愈来愈乏力。2001年正式实施的"撤点并校"政策①无形中进一步打击了农户居住空间的需求，2004年以后各地全面实施的"城乡建设用地增减挂钩"政策又极大地压缩了农村建设用地的数量。在需求下降和土地供应减少的双重制约下，农户居住空间出现快速缩减，传统乡村"空心化"现象浮出水面，并引发了全社会的持续关注。

（4）消融式缓慢缩减。自党的十七大明确提出"要建立以工促农、以城带乡长效机制，形成城乡经济社会发展一体化新格局"②的发展战略后，各地的新农村建设和城乡一体化步伐迅速拉开。新农村建设使村庄的建筑布局紧凑化，住宅、道路、公共场所等空间要素的外观设计同一化；城乡一体化则使城镇、乡镇附近的村庄受到中心地区经济、文化的辐射，生产生活方式不断向城镇居民靠拢，居住空间不断缩减、消解并融入城镇。不过，这种潜移默化的消融方式在具体进程上是相对缓慢的。

村庄的整体居住空间虽然在不同阶段的变化趋势不尽相同，但对生活

---

① 中华人民共和国国务院．国务院关于基础教育改革与发展的决定：国发［2001］21号［A/OL］．中华人民共和国中央人民政府官网，2001－05－29．
② 胡锦涛．高举中国特色社会主义伟大旗帜　为夺取全面建设小康社会新胜利而奋斗——在中国共产党第十七次全国代表大会上的报告［N］．人民日报，2007－10－25（1）．

在传统村落里的人们来说，生活起居的活动空间仍是相当宽阔的——这不仅体现在每个农户都拥有独立的院落，自建房使用面积至少有 200 平方米①，而且邻居家的厅堂厨房、场院篱舍，村里的学校商店、戏台庙宇，更远处的田间地头、山沟河谷，都可以算在自己的生活活动空间范围内。然而当搬迁这桩对任一村庄都属于历史性的大事件落到实处，便会或像三王村那样整村迁入城市，全体村民集中上楼居住，或如八张沟一般在城郊、集镇易地重建，与当地的原住民混杂在一起。无论哪种聚合模式，离土农民的生活起居空间都将被大大压缩。这对习惯了自由活动的他们来说，是一个不大不小的考验。尤其是中老年村民，他们心目中认定的家就是老房子的宅基地，就是宽敞的院落和屋后的菜地，面对未来几十年都将长期居住的"正方豆腐块儿"一样的新房，光想想都觉得"憋屈"。

三王村几位老年人谈起新式楼房与老式平房的差别，不约而同地认为新式楼房的房间面积太小，活动地方太少，上楼下楼太难，起居各种不便。

"原来在村里住，只要你有料，想盖多大（房）就盖多大（房）。家里人少的就光住在底下（一层），楼上搁点粮食什么的；要是家里人多，楼上也能住。搬进城里可好，一大堆玉茭和蔓菁②都没地方放。我十几年

---

① 注：各省的《农村宅基地管理办法》为每个农户划定的宅基地使用面积限额并不完全相同，但从全国的情况看，至少也在 125 平方米以上。其中，《山西宅基地管理办法》第四十条规定，"农村居民建房占地，每户不得超过三分；人均耕地不足一亩的村镇，不得超过二分；人均耕地四亩以上的村镇，可以放宽到四分。"也就是说，山西省农户的每户宅基地面积介于 133～267 平方米，在其上建造带院落的二层住宅，建筑面积和使用面积都很容易突破 200 平方米。

② 注：在当地方言中，蔓菁就是土豆，而并非我国大多数地区对芜菁的别称。

前就给自己准备好了土板①，要是把它也搬来，你说能往哪儿搁？"（三王村杨引弟）

"以前站在窗户跟前就能看见树啊、花啊、鸟啊！外面都是大野地，愿意咋跑都行。现在四面全是墙，这边是墙，那边是墙，转过来一看还是墙，就跟关进看守所一样。"（三王村李四宝）

"我这腿不行，和年轻人不能比，下一趟楼得老半天，再爬上来又得半天。上下个楼梯慢慢悠悠的，有人过来还得给人家让开路嘞！"（三王村王建国）

与三王村相比，八张沟的情况要好上许多。新村的安置房都是独门独户的二层院落，保证了村民们基本生活起居空间的大小与原来相比并无显著差别，在这一点上，几乎所有村民都表示了庆幸："（搬迁）那会儿有些人不想搬，现在都说幸亏是搬啦！（因为）搬到印城最起码还有个院儿。要是当时不搬，后来再搬，可就没有这个院儿了，就只能住楼房，那不得后悔死？像咱们这些老农民，还是愿意在院儿里头圪蹴。②"尽管如此，走出自家屋门外的扩展生活空间还是比老村有较大程度的压缩。对新村安置房的意见主要来自三方面原因：一是为了节约用地，在有限的空间里安置尽可能多的住户，在规划时便要求建筑排列整齐划一、布局紧凑；二是新村住宅从设计到建设受现代理念影响，土、木、石传统材料完全被钢筋混凝土取代，外观造型、色泽一模一样；影壁、厨房、厕所的位置分布也完全相同，每个院落的格局如出一辙，限制了村民对自己家房屋的个性化安排；三是传统村庄"日出而作日落而息"的乡土记忆与外围空间形成了有

---

① 注：土板是指还没有刷漆上油的棺材板。
② 注："圪蹴"，当地方言，表示蹲坐，这里引申为居住之意。

机结合，长期生活在其中，农民心中很容易产生特定的仪式感与实践感；而新村的集中居住格局代替了熟悉的山沟土地、草木禾苗，人们既失去了一部分情感寄托的载体，也失去了更广阔的自由活动空间。①

如此一来，新村为了美化环境而开辟的绿化带在农民眼中变成了浪费土地，不少中老年人便开始在房屋附近的空地上养鸡种菜。村民的行为方式与现实生活空间的错位令村委会的干部极为头疼，但又无力制止。直到2017 年夏，借着 S 县政府开展"五道五治"② 行动的时机，八张村村委会才对村民乱占村级道路、公共绿化带的行为进行了全面整治。不过，土生土长的干部们比外人更能体会生活空间压缩给村民带来的不习惯，因此，村委会专门在公共绿地和集体用地旁边开辟出几个地块，作为老人们闲暇时耕作的场所（见图 3.10）。村支书李水兵对此笑称："人们都说老小孩儿老小孩儿，可是老人总不能像小孩儿一样到处疯跑得要。咱就当是给老人们找个要的地方吧！"基层管理者和老百姓的相互妥协，令这一并不突出的矛盾很快消弭于无形。

---

① 赵佩. 以空间、记忆视角来探析失地农民市民化过程中所面临的困境［A］. 中国社会学会社会建设研究专业委员会 2015 年学术年会暨"时空研究与当代中国社会建设"学术研讨会论文集［C］. 中国社会科学院社会政法学部 中国社会学会社会建设研究专业委员会，2015：30–37.

② 注："五道五治"是 L 市政府（S 县的上级政府）于 2016 年底提出的"在全市范围的国道、省道、县道、乡道、村道五级道路沿线全面开展治违、治乱、治污、治路、治理五项整治"行动。

图 3.10　在八张沟新村公共绿地内种菜的老年人

面对日渐拥挤的市镇生活空间，农村的"广阔天地"大概只能留在三王村、八张沟以及无数个搬迁村庄主人的记忆里了。毕竟，适应环境也是人类作为生物的一种本能。对生活空间压缩的不习惯，仅仅属于"乡－城"过渡期的阵痛，还不至于破坏人们"过好日子"的朴素要求及愿望，自然也就不会落在被适应范围之外了。

（三）社交人际空间

在西方经典社区理论的研究中，社区的概念并没有统一的看法。例如，滕尼斯笔下的社会共同体主要是基于人类意志的力量而形成，地域的作用基本没有涉及；齐美尔把个体置于某个特定环境中，补充了对地域的描述；霍加特（Richard Hoggart）的社区发现论专门强调了地域对社区存在的重要意义；而在韦尔曼（B. Wellman）眼中，社区干脆以人际社会网络的形式表体现出来，彻底摆脱了地域的限制。先贤们对社区概念的界定差异如此巨大，但有一点是相同的：不管是建立在地域意义上的，还是建立在人际网络上的，作为人们聚居的社区，一定包含了成员个体对该共同体的认同感。换言之，社区共同体的"共同"二字，首先需要社区成员在心理上的认可和接受，然后再强调认可接受基础上的人与人的互动。人们只有在互动过程中，单独的个体才会逐渐被整合为群体，个体对群体的忠诚感不断提高，个体目标与群体目标趋于一致。因此，从这个角度来看，社区又是一种心理意义上的共同体，强调在认同基础上的人际互动。①

由于不同的空间总会产生不同的人际互动②，当村庄的物理空间发生整体位移后，村民们的人际互动对象、互动频率、互动模式会发生哪些改变？这些改变又如何对聚落重建社区的整体社交网络产生影响？便是此部分内容讨论的主要话题。

1. 原有社交对象的延续

前文不止一次提到，三王村与八张沟的搬迁背景是基本相同的，而农户的集中安置方案则有较大区别——前者是在县城年华苑小区购买了两栋高层住宅楼，后者是在印城镇易地重建了一个占地 50 亩的新村。相似的前提，相异的安置措施，对居民的社交互动自然产生着既相似又相异的影响。总体上看，两个村庄的安置方案虽然都不可能原样复制、照搬以往的

---

① 黄晓星. 社区过程与治理困境——南苑的草根自治与转变 [M]. 北京：社会科学文献出版社，2016：23 - 24.

② 齐美尔. 社会是如何可能的 [M]. 林荣远，译. 桂林：广西师范大学出版社，2002：292.

居住形态，抓阄分房的结果也不可能让昔日的老邻居恰好紧邻，但大家毕竟住在同一个小区、同一个新村，彼此相近的位置有利于传统村落亲戚间血缘关系、邻里间地缘关系的继续保持。

谈及上楼后村民间的人际关系和社交互动，三王村的几位受访者认为基本能够保持原有的联系。

"以前我的房子挨着你的房子，两家就隔着一堵墙，闲下来就过去坐坐。现在分开住在两个楼里，可是早上出去买菜碰上就扯上几句，晚上到楼下圪遛碰上了又要拉呱半天。我觉得（关系）虽然不如在老村那会亲（密）了吧，可是孩子娶媳妇、孙子过满月都叫嘞，谁家能不去（参加）？"（三王村何彩平）

"现在认识时间最长的还是从前老房子旁边住的那些人们，现在虽然不挨着住啦，可是也不算远。像我家从前的邻居有一个就住在三单元，另一个住在四单元，我们还是经常到一块儿打个麻将、跳个（广场）舞。"（三王村王春梅）

"年华苑小区有十几栋楼，我们村光占了最后两栋，其他都是卖出去的商品房。外边人要是第一次来，肯定能感觉出不一样来。比方说你们从（小区）大门一直往里走，前面大半截路根本没呐人搭理你，连看都不正眼看你一下。为甚哩？城里人都是这样，门对门的邻居都不认识嘞，还管你是谁？说不定还以为你家也住在这儿嘞！可是等你快走到最后两栋楼的时候，就是有一堆老人坐在那儿撇闲话的地方，你再往里一走，那些老人'嚓'的一下，齐刷刷抬起头来盯着你看，看得你浑身不自在。有人还要问你找谁家？干甚嘞？老人们一看就知道你不是本村人，说明农村那种互相熟悉的习气还是保留下来啦！"（三王村村委主任王旭强）

图 3.11　年华苑小区里被三王村老年人无意间划出的"城乡边界"

　　尽管村庄的地理位置从山坳搬到了城市，可是由三王村村民组成的新聚落社区并不等同于城市居民间的陌生人社会。不可否认，高楼网格限制了村庄原有社交对象间的交流，人际关系也变得比以前疏离了，但他们的互动形式仍然远较城市居民直接，互动频率也远较城市居民频繁。

　　相比三王村搬迁前后居住形式的显著差异，八张沟的整体空间虽然也在一定程度上被压缩，但平房院落式的居住环境并没有太大变化，人与人的关系要密切得多，接触面也广泛得多，更能体现出农村"熟人社会"的特征。

　　"人还是那些人，像这种来往根本就不可能少了。你看和我关系最近的那几个相好①都是从小一块儿长大的。我们上小学是同学，上初中还是同学，后来又一起去的红旗矿（上班）。我爹和他爹一没事就在院门口摆

────────────

　① 注："相好"，当地方言，好朋友、好伙伴之意。

个小桌子，下着点儿棋，喝着点儿水……"（八张沟李朝华）

"谁家里要办个什么事儿，还是邻里间和和睦睦去（帮忙）办。比如说谁家孩子娶媳妇，或者姑娘出嫁，咱这个路也宽，支几口大锅，摆几张桌子，村里老百姓都来了，过来就打招呼，'多会儿办事呀？'到正日子那几天，邻里家的媳妇们都过来给你帮忙，还跟老村一样那种气息。邻里之间碰上大事儿相互帮忙这个习惯就没有改，还是这种纯朴的习惯。"（八张沟村支书李水兵）

"咱这块儿只要是说天气暖和了，老百姓都在外边吃饭，也不是用个什么餐桌，就是自己端个碗圪蹴在街上一边说话一边吃，'你家什么饭？我家什么饭？'搬过来将近十年了，老百姓的这种纯朴劲儿、邻里关系，基本上还和老村一样。"（八张沟村妇女主任赵胜男）

图3.12 八张沟新村农家院门外下棋的老人

传统乡村长期存在于人们之间的知根知底、自然亲密起来的私人关系，是构建熟络的乡村社会关系网络的基础。在一般村庄习以为常的"蹲在街上吃饭聊天""坐在院门口下棋"等生活场景，在八张沟新村这个易地重建的村民聚落社区中，依然是随处可见的。这当然主要是由于村庄最基本的初级社会群体未发生大的变动——"人还是那些人"，在这个前提下，平房院落式的居住环境也对旧有社交对象间的沟通互动，起到了比"上楼"居住更强的维系与延续作用。

2. 传统社交关系链的弱化

社区作为一个多重的物理空间和社会空间，是承载着复杂社会关系的容器，体现着不同社区主体（居民）的互动。如果把物理空间视为社区的第一重空间，那么邻里间的社交网络便是社会空间的形成基础。物理空间一旦出现位移，社交网络和社会空间必然会做出自适应改变。整村搬迁和重新安置给村庄带来的不仅仅是住宅结构与起居空间的压缩，也必将在一定程度上改变人与人之间的关系。

在中国农村，农户的居住形式以平房院落为主，住宅位置的排列相对比较松散，不像城市建筑群那样鳞次栉比、整齐划一。居住空间的开放性，增强了居民日常交往的便利性和随意性。加之本村村民在生产生计、生活起居、语言文化、饮食习惯等方面都具有极高的同质性，共同的价值观，很容易找到共同的话题、引发频繁而直接的互动，从而在乡村社区内部构成紧密的社会关系网络，网络中的成员拥有强烈的认同感与归属感。与之相比，城市社区则充分体现了社区成员的异质性——不同家庭的生计来源、生活习性可能完全不同，人与人的教育经历、职业生涯、兴趣爱好乃至社会阶层存在着巨大的差异，门对门的邻里也很难拥有共同语言，更不用说楼上楼下经常因噪声相扰、下水道堵塞引发的各种矛盾了。

当搬迁村落的全体村民离开土地，搬进楼房集中居住，便会被城市小区的高层蜂窝状住宅分隔在一个又一个封闭的空间里，离土农民间原先那种频繁而直接的互动无形中被抑制，假以时日，人际关系的日渐疏离不问可知。与楼房居住相匹配的起居环境与生活习惯对传统社交的制约作用，在家长里短式的邻里交流过程中最能得到体现，每一位拥有乡村生活经验的村民，对此都有着深切而直观的感受。

（1）立体楼层压缩了传统社交空间。

在中国农民的心目中，一般不存在公共空间和私人空间的概念，或者说并不将两者进行严格的区分。在一个村落里，群体的熟悉削弱了个体的私密。每家发生的事，甚至每个人身上发生的事，都瞒不过左邻右舍，当然也就瞒不过全村老百姓。"人与人之间有时不太分你我，也不太讲究个人空间。"①

"以前谁家里什么样，家里都有些哪些摆设，家具是什么样式，电视是什么牌子，互相都知道。"（三王村王建国）

"何止家具摆设？连谁家闺女脑袋笨，谁家孩子性子野，谁家的钱来路不明，谁家媳妇爱招蜂引蝶都一清二楚！"（三王村李四宝）

村民群体空间的透明化，令农户的私人空间既没有主观上存在的必要，也没有客观上存在的可能。可是当人们进城上楼后，楼房的建筑构造特性能够精确地划分出各家各户乃至每个人的私密空间，想要轻易地进入他人的空间地盘，几乎是不可能的。同时，楼层的立体叠加结构给人们造

---

① 郑也夫．城市社会学［M］．北京：中国城市出版社，2002：189-190.

成了上下行动的麻烦，非常不利于村民惯常进行的平面式交流。

"住平房提溜个小板凳就出来和邻居聊上啦，说得口渴了回家喝口水，进去再出来也顾得上（继续聊天）。现在就光想偎在家里，懒得出门啦!"（三王村焦改玲）

"这个小区的楼总共六层，不高不低的，没呐安电梯，想出去串个门还得噔噔噔爬下去再爬上来。我给你说，我自从搬来以后出门趟数就少了，要是住平房就不会（这样）……"（三王村马晚女）

"这个是真的，不要说没呐电梯，就是有电梯吧，能跟以前平房的时候一样？那会儿不管谁家小孩儿在圪廊①里喊一声，四邻八舍都能听见，一帮孩子们听见叫唤就都疯跑出去耍了。"（三王村王有树）

楼宇式住宅的单套使用面积远较平房院落狭小，独立空间格局不再适合传统大家庭式的生活，使得数代同居的联合家庭或主干家庭分解为多个核心家庭。即使在一个联合家庭内部，核心家庭间的起居私密性也极大地增强了。

"原来老爷爷留下来的房子大，我们老俩和两个孩子、媳妇、孙子都住在一个院儿里。后来为了冬天多领炭，就分成了三户②，可是没呐真正分（家）。搬迁那年，按村上的规定，给了我家三套房。现在我老俩和孩子们倒是住在一个楼，可不是同一个单元——他两家的房子大。谁都不打扰谁，分开吃饭，各吃各的饭。"（三王村杨引娣）

不难看出，与以往平房院落的平面居住环境比较，楼房的立体叠加结

---

① 注："圪廊"，当地方言，巷子、胡同之意。下同。
② 注：S县许多乡镇都盛产煤炭，煤矿为所在村庄提供冬季取暖用煤成为一项惯例性的福利。煤炭的发放一般以户为单位进行，因此村民们都会在儿子结婚后主动把户口分出去，从而能够领到更多的煤炭。

构给村民的外出交流带来一定程度的麻烦。从平房迁至楼房后，由于上下楼相对而言的不便，村民们外出聊天、与他人接触的动力受到限制。属于私人空间范围内的个人生活得到了强化，属于公共空间范畴的群体交流受到了削弱，人与人之间面对面的互动频率相应减少，传统社交空间与生活起居空间一样，最终都被明显地压缩了。

（2）多重门禁阻隔了传统社交渠道。

村庄搬迁和农民上楼的过程，也是传统村落"开放式社区"转变为现代城市"门禁式社区"的过程。美国学者弗兰纳根（W. Flanagan）曾对后者的特征做过如下描述：它是一种人类的居住联合体，在它的四周建有围墙，主干道上设置大门以限制进出，利用摄像头或红外探测器、雇用私人保安来加强安保工作。① 目前，我国城市住宅小区的真实情况与弗氏对"门禁社区"的描述基本吻合：入口处设有大门，并有门卫把守；小区内通常安装着多个监控摄像头；社区四周用自然障碍物（树木、绿化带）或人工障碍物（围墙）围合起来。这些安全措施的初衷是为了实现对社区空间可及性的控制，然而事实上也成为社会排斥的一种有效形式。②

与之相比，农村不但不存在所谓的社区门禁，连农户的家门在白天似乎也只是一个摆设，并不具备隔断空间和阻止外人的作用。"老头儿老婆儿都坐在圪廊口儿，家里要是有人的话，一般都不锁门，有时候出去圪遛一会儿也不锁门，他们帮你看着嘞！"这种不锁门的传统自然是因彼此知根知底、相互信任所致，同时也基于村庄内部几乎没有陌生人的前提。

① W. FLANAGAN, Urban Sociology：Images and Structure ［M］. Allyn and Bacon Inc, 2000：361.
② 李远行，陈俊峰. 城市居住空间分化与社区交往—基于南京市东山新区个案的实证研究 ［J］. 开放时代，2007（04）：50–61.

"一个村的谁不知道谁吃几碗干饭？哪怕真有个把手脚不干净的，他也不会在自己村里动手，兔子还不吃窝边草嘞——我就是瞎胡打个比方啊，可不是说我们村就有这样的人。可是像你们这些外人来了就很显眼，只要让一个（本村）人看见，马上全村就都知道啦！"在这样的环境下，村民们大多形成了去邻居家时"不打招呼、推门而入"的习惯："想上谁家根本不打招呼，'中午吃的甚饭？''响晴白日在家待着干甚嘞？'碰上嗓门儿大的，还没看见人影儿，声音倒先蹿进来啦！大伙儿都是这样。"（三王村焦改玲）

当从村庄迁到城市，不得不与当地居民混居在一起，社区里每天都会冒出大量陌生面孔（陌生人可能也是本社区的居民，只因互相不打交道而陌生）和外来人口。此时，门禁的阻挡和隔断作用便体现了出来。要想进入一户居民的家中，至少要经过三道门：首先是小区的大门，一般设有门卫和机动车挡杆；然后是单元楼的安全门，大多配备了需经主人确认方可进入的按键呼叫门铃；最后是各家各户的防盗门，上面安装着猫眼式门镜。这种为提高安全系数的"四门紧闭"做法，在挡住陌生人可能带来的风险的同时，也在很大程度上阻挡了熟人之间的社交沟通与人际互动。①

"我自从住到楼上就不太愿意往人家家里跑了，咋说也不如村里方便，或哒要是在楼底下碰见了，一般就在花池边上坐一坐，拉呱拉呱。"（三王村焦改玲）

"那些住在对门的还凑合，要是去其他单元串个门不要说有麻烦！你得先出自己家门，再下楼出单元门，再到人家那个单元门的门口按门铃，

---

① 李倩，张蓉，马萧. 断裂与重构：失地农民市民化过程中的社会关系研究［J］. 烟台大学学报（哲学社会科学版），2013，26（04）：103-108.

让他给你开开，最后再上楼敲他家的门……可能城里人一直就习惯这样？反正我是不习惯。实在没呐甚重要事，干脆就不去串门啦！"（三王村王有树）

　　如果从保持原有社交渠道和网络关系的方面看，八张沟村民应该比三王村村民幸运一些——由平房院落组成的成片住宅，至少在外观和居住形式上尽可能地向老村靠拢，而不似城市楼宇群那般高耸而冷峻。可是，八张沟新村易地重建以后，村民们互相串门的频率也出现了一定程度的降低。这同样是由于迁移打破了山村的封闭环境，与当地人混居又增加了整个社会群体的陌生感，村民们不得不改变"家中有人不关门、家中无人不锁门"的习惯，纷纷关闭了自家院落的大门。这样做的结果是，旧有社交对象之间的人际距离也被无形中拉大了。

　　"在老村的时候基本上谁家大门都是开着嘞，搬到这儿以后基本上就关的多。就跟咱们眼下说吧，我在街上走着嘞，路过你家，想串个门。什么叫串门？你开着门我才能随手进去，进去也没呐什么重要的事儿，就是随便说个话、打个招呼；可是现在你关着个门，也可能人还在，但是就关着个门，（难道）我还咚咚咚敲你家大门吗？不那么方便了，也就不想进去了。"（八张沟张小力）

　　"原来在老村的时候，大门多会儿也是敞开的，不到黑天不关。有的家户还没有院墙嘞！但是来了印城以后，发现无形中好像总是产生变化了，大家就都把门关住了，一个是怕生人进来，一个是怕不安全。你们出去一看就知道了，这会儿都关着门嘞，开门的很少。你想去串个门，总得敲一敲吧？心里这么一犹豫，还是算了吧！"（八张沟李艳兰）

　　众人对某些问题的看法，往往并不因古今中外而有所区别。早在100

多年前，德国社会学家齐美尔就解释过"门"的社会功能，并提出了与三王村和八张沟老百姓相类似的观点：墙和门都能起到分隔室内与室外空间的作用，不同点在于，墙是"死"的，一旦砌好便立在那里一动不动了，而门是"活"的，可以随时打开与关闭。正因为如此，与无法活动的墙壁相比，敞开门可以展示主人开放的姿态，而关上门则会给自己及他人以强烈的封闭感。① 如此看来，在搬迁或重建的农民聚落社区里，"门"的数量增多与闭合状态，使熟人之间无特殊目的的、随意性的互访变得困难起来。假以时日，便会改变村民长期养成的"推门而入"的旧习惯，并建立起"有事才登三宝殿"的新观念，从而对居民的传统社交渠道产生较强的阻隔作用。

（3）室内装修限制了传统社交行为。

村庄的一般农户很少会对自己家的平房院落进行装修，这一方面是受客观经济条件的限制，但更多地则与农村的人居环境与生产方式有着直接的关系，导致农民主观上认为完全没有装修的必要。"外面干一天活儿，浑身都是土，回家不得坐下好好歇一歇？要是一装修，弄得东西比人还金贵，进自己家还得脱衣裳换鞋，你说膈应不膈应？还有，（装修以后）想在院里种个菜也不行啦，鸡和狗也不敢养啦！"（八张沟张小万）

当在市镇定居后，旧式的水泥地面和普通砖墙显然与周边环境格格不入，模仿城市居民的习惯和标准对住宅进行整体装修，几乎成了所有迁入农户的必然选择，只不过装修程度有所差别而已。讲究的人家会在地面铺设木地板，墙面精心粉刷后加贴壁纸，天花板安装吊顶和石膏线，卫生间

---

① 齐美尔．桥与门——齐美尔随笔集［M］．涯鸿，宇声，等，译．上海：生活·读书·新知三联书店上海分店，1991：4.

几乎被式样新颖的瓷砖包裹起来；经济条件一般的人家，也会用地板砖、乳胶漆、瓷砖等装饰材料对房屋进行全面改造。（见图 3.13）

图 3.13　三王新村某户居民家的客厅装修与陈设

　　装修在帮助离土农民提升室内生活品质、融入城市生活氛围的同时，却对传统社交行为与社交心理产生了不小的打击。拿"串门"这一在村庄常见的熟人社交方式来说，主人家的房间装修了没有，装修奢华程度如何，对客人的心理影响是截然不同的。这恰恰体现出人的任何行为都受到其所处环境的限制。

　　"以前没呐人装修，最多就是孩子打算娶媳妇啦，稍微铺铺地刷刷墙。你进去是想坐嘞想站嘞，很随意。现在可不行，抽根烟还怕把人家的墙熏黑嘞！"（三王村王文革）

　　"现在到别人家里串门还得脱下鞋换拖鞋。有一回人家客气说不用换，咱就没有换。结果刚说了三句话，屁股还没呐把沙发捂热乎，他家儿媳妇就开始拖地，这你还能坐住？"（三王村张月娥）

　　"为甚不咋串门啦？住楼房又不像住平房，住平房的时候谁家都差不多，住楼房都装修啦，好多家铺的是木地板，你进去换鞋不换？不换吧，人家嘴上不说，心里肯定不高兴；换吧，咱就没呐这习惯。你说是不是？（三王村李爱玲）

即便在全是平房院落的八张沟，村民们搬迁到新村后，大多也对住宅进行了装修。（见图3.14）于是，类似三王村因装修而减少串门的现象也或多或少地存在着。

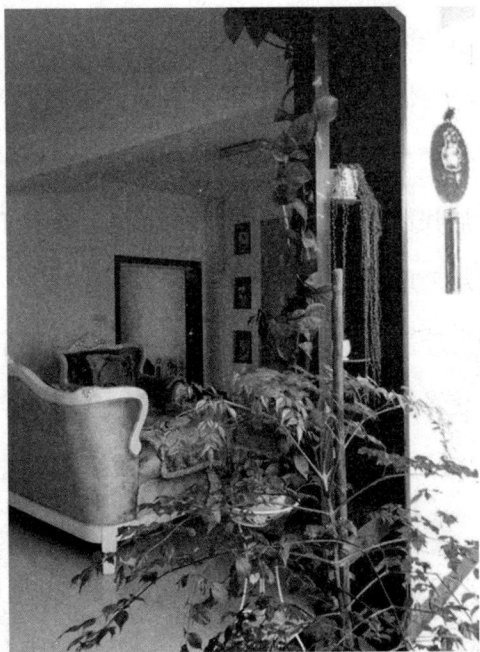

图3.14 八张沟新村某户居民家的客厅装修与陈设

"我一般在外头圪蹲的也不想上谁家（串门）。人家那房子都装修啦，连院里也用地板砖墁了，干净，咱这邋邋遢遢死了，不敢去。"（八张沟张丑则）

"咱们村装修得虽然说要比城里的楼房简单，可是差不多也都要装一装嘞！因为搬到新房子里了嘛，这就是个趋势。（装修）这个事对老百姓的互相来往肯定是有些影响，不过应该不像城里人那么严重。"（八张沟妇女主任赵胜男）

装修对生活起居空间的美化作用是有目共睹的，然而装修导致的"过分整洁"与"进门换鞋"等城市居民习以为常和普遍接受的事情，却令不少村民备感尴尬和无法认同。这显然与农民在传统乡村起居环境中形成的生活、社交习惯有直接的关系。在农村生活或考察过的人都知道，受客观条件限制，多数农户对居住整洁度的要求普遍低于城市家庭，而且农民无论在自己家还是去邻居家，根本没有进门换拖鞋的做法（20世纪八九十年代的城市工矿社区居民家中，也存在类似现象）。在他们眼中，过于洁净的起居环境与上千年来形成的传统农业生产方式格格不入，而串门时让客人换拖鞋则是一种见外、不亲近的表现——这恰恰触犯了"熟人社会"的社交禁忌。因此，装修及装修带来的"换鞋"，背后其实蕴含了两种不同的物质文化需要和人际关系状态，以及由此带来的城乡融合过程中的社交观念冲突。

总而言之，立体楼层、多重门禁、室内装修，上述从"外"到"内"、从"整体"到"局部"的起居环境的变化，使农户的私人空间从开放变得封闭。它们在"改造"离土农民生活习惯的同时，也对"串门"这一极具"熟人社会"特征的人际交往方式产生了消极影响。当串门变得越来越少，大家对邻居的家务事就知道得越来越少；反过来，对邻居家的事务越不感兴趣，也就越发不爱串门。① 长此以往，村民间的社会交往就

---

① 阎云翔. 私人生活的变革［M］. 龚小夏，译. 上海：上海书店出版社，2009：142.

不如过去那么紧密，从而逐渐淡化了。

空间，不仅是开展生产经营、保障生活起居的场所，也是人们进行社会互动与人际沟通的场所。正是有了每一个人与他人之间点对点的沟通互动，整个社会关系网络才得以最终形成。搬迁，不仅重塑了生产生计空间和生活起居空间，也通过人与人之间关系的调整，改变了离土农民的社交人际空间。如果说，传统乡村社区的平面开放式空间有助于构造人际关系良好的社会网络，那么，现代城市社区的立体封闭式空间则抑制了人员的频繁、随意交流，不利于原有人际关系和社会网络的发展。不过，对离土农民来说，尽管旧的生产生活空间在地理位置和物理结构上已不复存在，但基于血缘、地缘关系形成的社交人际空间并不可能随之消失。于是可以看到，在新的生产生活空间环境下，虽然村民间的互动频率降低了，感情交流也有所淡化，但在乡村"熟人社会"中长期形成的社会关系网络仍然存在，并在社交渠道保持、人际关系维护等方面继续发挥着重要的作用。

（四）文化记忆空间

从广义范畴来看，文化是人类在社会实践过程中所创造的一切物质财富与精神财富的总和。① 狭义的文化则专指广义概念中精神财富的部分。我们以往对新型农村聚落社区生产生计和生活起居空间的介绍，主要是基于物质层面的；而此处对离土农民文化记忆空间的描述，将更多地落在精神层面上。显然，与生产生活空间相比，文化记忆属于更深层次的空间表达。

如果把文化看成社会精神的历史沉积，那么乡村文化则是在人口集聚

---

① 刘豪兴，徐珂. 社会学概论［M］. 北京：高等教育出版社，2003：80.

的村庄特定空间里，将村民的共同价值观念、生活实践经验、日常行为习惯等社会精神因素沉积后得到的现实反映。① 在村落社区占主导地位的中国传统社会里，乡村文化以其稳定的文化模式和价值整合功能支撑着基层社会的运行和发展；不同地区、不同村落的乡村文化共同形成了整个民族的民族精神。② 近代以来，伴随着城镇化规模的迅速扩张和商品经济的大力推进，强势的城市文化不断涌入乡村，城乡文化在接连冲突、持续融合的过程中，又因各自的不同特色而体现出非常明显的文化差异。

1. 城乡文化差异是离土农民"市民化"面对的首要问题

城市与乡村之间的差别可在自然环境、经济状况、社会文化等多个方面得到体现，其中最基本的差别是文化的差异，即市民与农民在价值观念、思想意识、处事态度等方面的不同。③ 尽管中国的城市和乡村有着千丝万缕的内在联系，但城乡之间的文化差异仍然表现得非常突出。

（1）安土重迁的乡村文化与四海为家的城市文化。

土地是农业最主要的生产资料，也是农民安身立命的最大本钱。土地的无法流动性决定了农业劳动者必须附着在它的上面，同样稳定不流动地开展生产。"以土为生的人，世代定居是常态，迁移是变态。"④ 与之相比，城市商品市场的供求关系驱使着物资在不同的地区之间进行流动；城市劳动力市场的供求关系同样驱使着劳动者在不同的部门、不同的地区之间进行迁移。只有不断流动，商品交易才能获得利润最大化；也只有不断

① 叶荣华. 村落文化的建构态势与推进策略 ［J］. 北京社会科学，1995（02）：113 - 119.

② 李庆真，谢丽霞. 社会变迁中失落的村落文化 ［J］. 新西部（下半月），2009（07）：101 - 102.

③ WIRTH L. Urbanism as a Way of Life. American journal of sociology, 1938（July）：1 - 24.

④ 费孝通. 乡土中国 ［M］，北京：生活·读书·新知三联书店，1985：3.

迁移，劳动者才可能找到适合自己的就业机会。当然，城市便捷的交通也使人和物的快速流动成为一件容易的事。于是可以看到，传统乡村文化一般是静谧安详的，而现代城市文化常常是欢快热烈的。

（2）感性为主的乡村文化与理性为主的城市文化。

乡土文化的感性化特征与城市文化的理性化特征也是显而易见的。在乡村，人们更注重感情交流和人际沟通，就连公共事务的开展往往也需要建立在关系认可和感情支持的基础上；相对而言，城市的理性化色彩要浓烈得多，当理性与货币结合在一起，社会交换的双方便可以是完全匿名和互相陌生的，根本不需要情感的付出。[①] 于是，从乡村走向城市后，农民的价值观也不得不趋向于理性化，个人情感被实际利益所取代。

（3）单一同质的乡村文化与多元异质的城市文化。

传统乡村的文化形态是单一同质性的，它表现为村民们从物质层面的生活起居、衣食住行，到精神层面的价值观念、习俗礼仪，基本上没有太大的差别；城市文化则表现为多元异质性，这主要是由于城市细密的劳动分工和职业差别，带来了不同的生产生活方式和思想观念意识，城市居民的社会角色因此呈现出高度分化的状态。[②]

（4）熟人社会的乡村文化和陌生人社会的城市文化。

村庄里的人们都长期稳定地待在同一个地方，彼此之间互相了解、交往频繁，甚至人与人、户与户从物质到精神都很相像。在乡村文化的不易流动、感性为主、单一同质的共同作用下，最终把乡村打造成"一个'熟悉'的社会，没有陌生人的社会"。与之相反，城市里的人们为了满足自

---

① 郑也夫. 城市社会学 [M]. 北京：中国城市出版社，2002：30.
② 殷京生. 试论城市文化的特征 [J]. 宁夏社会科学，2003（01）：49-52.

身的需要而快速流动着，每个人都与他人都保持着一定的距离，人与人之间以利益关系为联结，没有太多的共同语言与相似之处。于是，城市文化的快速流动、理性为主、多元异质三个特性结合在一起，造就了城市"陌生人社会"的典型形态。

城乡文化特性和城乡文化环境的诸项差异，共同形塑了城市与乡村、市民与农民的本质区别。乡村社区要重构为城市社区，离土农民要转变为城市居民，首先要面对文化调适的现实问题。正如费孝通所指出，中国的政治、经济、教育都受到文化的影响和制约，各方面的问题归根结底也都可以落在文化问题上，因此不妨把中国社会变迁的过程简单直观地理解为农业文化被工商业文化替易的过程。① 进一步讲，价值观念、思想意识等文化元素的变迁是社会变迁的核心，价值观念与思想意识的承载对象又是社会人，因此社会人的变迁实际上等同于文化的变迁。每一位离土农民"市民化"的过程，既是其本人逐渐脱离"乡土性"、重新塑造"城市性"的过程，也是传统乡村文化向现代城市文化转变的个体缩影。

2. 离土农民市民化过程中的社交"内聚化"倾向

前文曾介绍了起居空间的物理格局变化对离土农民社会交往和人际互动的影响，此处我们将继续探讨乡土文化在农民进城后的人际社交活动中所起到的作用。事实上，社会交往与人际互动本身便属于一种文化现象，作为离土农民适应城市文化、实现市民化的重要途径，它受到价值观念、伦理道德、思维心理等内部因素和经济环境、社会阶层等外部因素的多方面影响。②

当一个村庄被整体搬迁或易地重建，在村民群体并未发生大规模流失

① 费孝通. 乡土重建 [M]，长沙：岳麓书社，2012：1 –3.
② 廖杨. 族群与社会文化互动论 [J]. 贵州民族研究，2004（01）：35 –38.

的前提下，村庄原有的社会关系必将维持下去；同时，为了适应当地的社会文化环境，村民还需要通过与当地居民加强接触交流来建构新的社会关系。然而，现实情况表明，在这一过程中，相当多村民的社交活动出现了明显的"内聚化"倾向——即由于城乡文化的差异与隔阂，虽然居住格局的变化对传统社交空间造成了压缩，但离土农民的社会交往与人际互动仍然局限在村庄原有社交空间的范围内，而很难通过开辟新的社交渠道来与城市居民建立稳定良好的社会关系。

（1）乡村文化浸淫下的熟人社会关系的延续。

中国典型的村庄环境既可以展现为在一片田野划分出的紧挨地块中共同劳作的生产场景，也可以看作是一家家农户比邻而居、守望相助的生活画面。人们在长期的生产生活实践中，发生着频繁且紧密的接触，彼此熟络的程度甚至不亚于自己的家人。"远亲不如近邻"正是乡村文化俗谚对这种社会关系的真实写照和高度评价。

农民对这种不分彼此的密切交流互动是如此地习惯和依赖，以至于即使当他们离开老村迁入城镇，与不同身份、不同职业、不同教育程度、不同收入水平的当地居民混居于一个新的社区环境下，村庄的熟人社会状况也变得不再纯粹，但只要原来的"老乡亲、老邻居、老相好、老朋友"未曾远离，就会像置身于曾经居住的村庄一样，通过以往的互动渠道、互动方式来保持和延续故旧亲朋的社会关系。

在传统村落长期稳定不变的小环境内，以血缘和地缘为纽带的社区共同体一旦形成，只要群体成员不发生剧烈变化，在单一同质的乡村文化影响下，便会天然且必然地塑造出拥有共同情感和有机联系的熟人式社会交往与人际互动。而整村搬迁在导致农民居住空间出现物理位移的同时，一般并不会对村落的群体成员结构造成本质破坏，哪怕新的居住格局限制了传统社会关系的发展，以"串门"现象为代表的传统社交活动的确在减少，但多数村民仍然愿意像从前那样继续着大家都习以为常的人情往来。不仅三王村和八张沟是这样，在全国各个实施整村搬迁或易地重建的村民聚落社区里，都能看到依旧充满着乡土气息的"拉家常"式个体社交行为和极具乡土特色的"一家办事、全村帮忙"的群体社交活动。

（2）城市文化影响下的陌生人社会关系的遇冷。

城市文化的多元异质性决定了即使是居住在同一个城市社区里的居民，其个人身份、职业生涯、生计来源、生活习性等方面可能完全不相同。社会角色的巨大差异导致不同个体的内在思想观念和外在行动轨迹都不会出现太多的交叉点，彼此间也当然不会拥有可资深交的共同语言。邻居们在楼道里偶尔打照面时，能够点个头问声好已属相当奢侈，至于串门子拉家常、红白喜事帮忙张罗，根本是不可想象的。对此，城市决定论的代表人物沃斯（Louis Wirth）认为，随着城市规模的扩大，人口密度的提高，城市人的个体异质性变得越来越强。此外，城市人的各种行为主要与就业场所、政府部门、公共服务机构等组织化群体相联系，而极少依赖于特定的个体。尽管城市居民之间也会发生面对面的接触，可这种接触却是机械的、非人格化的。肤浅、匿名和短暂，构成了城市社会关系的主要特征。[①]

城市社会关系的上述三大特征，决定了城市社区居民即便是门对门、楼上楼下的住户，也不可能呈现乡村社会邻里之间互不见外，推门而入的交往状态。加之楼房建筑的立体叠加式结构进一步强化了起居空间的私密

---

① 路易斯·沃斯文.作为一种生活方式的都市生活［J］.赵宝海，魏霞，译.都市文化研究，2007（01）：2-18.

性，同一单元的邻居都是"常年相见不相识"的面熟陌生人，也就不难理解了。这对刚刚搬离村庄住进城市小区的离土农民来说，显然是相当不适应的。尽管他们也明白进城上楼后人与人的关系和在村庄住平房时不一样了（前文对此已有介绍），但还是很难理解真正的城里人为啥能做到"倚门相望，娱戏之声相闻，民至老死不相往来。"

"人家城市人的邻里关系肯定比咱们这种从村里出来的要寡淡得多。像我们村这样一起全部搬到这块儿，两栋楼住的都是原来一个村的，还瞧不出来太大变化。可是前面4号楼住着我家一个亲戚，他要给孩子娶媳妇，在这个小区里自己买了商品房。他说，和对门住了好几年也没呐什么来往。有一年过十五（中秋节）的时候，从老家摘了好多杏回来，说给人家尝尝吧？嗨呀，人家死活就是不要！好像咱送的不是吃的，倒是毒药！"（三王村马喜旺）

住在平房院落里的八张沟人，在和城镇居民套近乎时，也遭遇了和三王村人一样的白眼："在老村那会儿，虽然说有的家里面穷，有的家里面富，可是除了那些懒汉二流子，一般人根本不会互相瞧不起。搬到印城以后，刚开始还都是自己村上的人，后来有人就把房子卖给外边人了。现在我们村住的有镇上的干部（公务员），有做二手汽车生意的，还有倒卖古董的。那些人见了我们眼皮都不抬一下。咱跟人家打个招呼吧，'来家坐坐？'人家说，'不用不用！'下一回再问人家，'吃了晌午饭没呐？'人家就跟没听见一样，拉开车门坐上就跑啦！好像咱是上赶着求他办什么难事一样。一来二去，也就不再那个什么（来往）了。"（八张沟张贵发）

初入城市（城镇）的农民，由于受到乡村熟人社会社交文化的影响，非常看重"远亲不如近邻"的地缘关系。在与故旧社交对象保持联系的同时，很愿意按照传统社交习惯与互为邻里的城市居民建立良好的人际关系。然而，位于城市或城镇的农民聚落社区，有着比传统乡村社区和现代城市社区更复杂的邻里关系。生活在这类新型的"都市里的村庄"之中，农民主动发起社交的意愿常常在城市居民那里"遇冷""碰壁"。这与其说是城市居民不愿接受农民的交往邀请，不如说是城乡社交文化的差异与隔阂所致。拿乡村熟人社会的社交规则去套用城市陌生人社会的社交场景，其结果必然令人感到尴尬。既然无法和异质的城市居民建立起全新的、良好的人际关系，便只能在原有社交空间范围内寻求精神慰藉。长此以往，离土农民的社会关系不得不向同质的故旧社交群体内部聚集，从而呈现出一种社会交往"内聚化"的倾向。

3. "乡—城"变迁进程中的文化惯性与群体记忆

在社会变迁的整体进程中，文化对变迁具有明显的抵制、迟滞作用。这一现象，无论在时间上（即旧时代文化被新时代文化所取代）还是空间上（即一个地区或民族的文化被另一个地区或民族的文化所占领），都得到了证实。泰勒（Tylor, Edward Bernatt）将这一现象称为"文化遗留"①，奥格本（Ogburn, William Fielding）则给出了更准确的表述——"文化惯性"。②

在城乡融合的进程中，城市的非农生产方式、快速生活节奏、多元价值观念对传统农耕文明造成了强烈的冲击。然而，作为极富地方特色的区域性文化，乡村文化仍然拥有广泛的群众基础和深远的传承空间，在与城市文化的交织碰撞中，大量的乡村文化元素能够以"文化惯性"的形式保存着自己的"实力"。村庄搬迁给村民的生产生活带来极大改变的同时，却并未彻底湮没进

---

① 爱德华·泰勒. 原始文化：神话、哲学、宗教、语言、艺术和习俗发展之研究 [M]. 连树声，译. 上海：上海文艺出版社，1992：75.

② 威廉·费尔丁·奥格本. 社会变迁——关于文化和先天的本质 [M]. 王晓毅、陈育国，译. 杭州：浙江人民出版社，1989：80.

城农民群体的故有习性和乡愁记忆。即使离开村庄迁入城市，那些早已融化在他们血液中的乡土气息也不会随着物理空间的位移而马上消失。在村庄生活中形成的价值观念、思维方式、世故人情、风物习俗，早已牢牢根植于离土农民的意识深处，并在各种日常行为活动中自觉不自觉地表现出来。在这种持久的"文化惯性"作用下，居住在位于城市或城镇的村民聚落社区里的离土农民群体，仍然在很大程度上保留着村庄故有的生活方式和风俗习惯。

（1）结婚"搭大棚"。

受自然环境和风土人情的影响，中国各地农村的风俗习惯存在着极大的差别。不过，无论在哪个村庄，任何一家的红白喜事都可以算作整个村庄的大事。对主人来说，自己家的经济实力强不强，交际范围广不广，人情面子大不大，都能够在办理红白喜事的全过程中得到充分展示；对客人来说，参与四邻八舍的红白喜事，就是参与了整个村庄乃至延伸至村庄之外的礼物流动、人际往来和人情伦理。

在山西的农村（其实北方各省的村庄都差不多），每当赶上谁家娶媳妇或者嫁闺女，"搭大棚""支大锅"、开流水席的热闹场面都是必不可少的；而在城市里，几乎很难看到这样的场景。像三王村和八张沟这样的普通村落，迁入市镇虽已逾十年（或接近十年），婚嫁习俗尚未发生太大改变，从订婚、"上头"① 到结婚当天的仪式、邻里主动上门帮忙，都基本

---

① 注："上头"，是广泛流传于山西省晋东南地区的一项婚嫁习俗，据说沿袭自汉族传统婚姻仪礼"六礼"中的"请期"。"上头"多选在正式婚礼前一天的傍晚，由准新郎带领几位关系最近的亲朋好友前往准新娘家，对第二天婚礼的具体日程安排进行商议，例如男方家来多少接亲的车辆，女方家大概有多少人送亲，还会讨论到梳头钱、穿鞋钱等细节。"上头"的主要目的是让第二天的婚礼顺利圆满，因此男方的亲友中必须要有一个能说会道者与女方家人进行交涉。商量完毕后，女方会在家中准备一桌丰盛的晚宴款待男方的各位亲朋。具体到各县区，还有一些不完全相同的规矩，此处不再赘述。

延续了村庄时期的做法。不一样的是，位于印城镇的八张沟新村拥有不亚于老村的宽阔院落和便道，摆上十桌流水席不在话下；而位于县城年华苑小区的三王新村受楼前楼后的区域限制，只能在单元楼下不大的空间里象征性地搭两个大棚、支一口大锅意思一下了。

"现在结婚的好多还是愿意在楼下搭个大棚，认识的都要去坐坐。大伙儿都觉得搭大棚热闹，再说也比去饭店便宜好多啊！像到饭店（办婚礼），老人们有些个就不去啦，打发个小孩儿去上个礼拉倒。可是人家城里人就不（搭大棚），我们楼下结婚搭棚子的时候，住在其他楼的还有人专门过来瞧稀罕嘞！"（三王村王里宝）

"大棚和饭店的气氛不一样嘛！要是主家直接告诉你哪天办事，在哪个饭店，到时候你自己去吧。听上去就不亲热，等去了把礼一上，再坐下吃饭，这和自己花钱去饭店买饭有什么区别？所以说我们农民还是习惯在大棚里办事，有气氛！老邻居们敬个酒啦，划个拳啦，喝多了也不怕，有人扶你回家。没时间喝酒的人也能来大锅里捞上碗饸饹吃，再跟大家随便聊一会儿，多美！"（八张沟张水旺）

从上面两位村民的话语中，不难感受出他们对办喜事时"搭大棚""支大锅"的热情。也许坐在人声鼎沸的大棚里，共同享用大锅中烹调出的饭菜，才能让离开土地的农民重新感受到久违的乡土气息和人际氛围。农民之所以在上楼十年后仍然会在婚嫁大事时选择旧时的宴请方式，根本原因在于这一表面形式的内部所蕴含的乡村文化，是他们熟悉的、习惯的，真正喜闻乐见的。

（2）正月"闹红火"。

与结婚"搭大棚"相比，正月"闹红火"只有春节、元宵节前后屈指可数的几次机会，可它对农民文化生活的重要程度绝不亚于红白喜事。山西各地"闹红火"的节目样式并不完全相同，但基本上都包括了舞狮子、耍龙灯、跑旱船、扭秧歌、踩高跷、大头娃娃等集体表演的文艺活动。在煤铁资源丰富、从汉代起就成为北方冶铁中心的 S 县，正月"闹红火"还是展示当地一项独特的非物质文化遗产——"铁礼花"[1] 的好机会。（见图 3.15）

图 3.15　高架铁礼花

近年来，S 县的正月"闹红火"已经从民间自娱自乐式的文艺表演，变成由政府统一组织的展现传统民俗文化的群体性娱乐活动。每年春

---

[1]　注："铁礼花"又称"铁犁铧"，是流传于 S 县及附近县区的一项古老的节日社火民俗活动。"打铁花"的基本过程是，由打花艺人将高温熔化的铁水盛放在土制容器内，抬到没有树叶的枯树下（冬季则不受此限制），用木勺将铁水舀到一个带有凹槽的木板上，再迅速地用木棒击打木板将铁水打向空中，飞溅的铁水在半空中被树枝碰撞，便会迸散开来形成流星雨点，如礼花一般凌空绽放，十分光彩夺目。2013 年 12 月，经山西省人民政府批准，"铁礼花"被列入山西省第四批"省级非物质文化遗产"名录。

节、元宵两节期间，县政府多以乡镇为单位组织秧歌赛、"八音会"① 等各类文艺汇演，乡镇政府同样以村为单位组织类似的比赛和演出。到了村庄这一级，则由各村的村委会负责，村庄里那些有头脸、有经验的"文艺积极分子"出面，号召爱热闹的村民加入，按照大家各自的兴趣、能力和往年的人员搭配情况分成不同的小队（如锣鼓队、秧歌队、舞狮队等），进行节目的组合与排练。除了供本村及附近村庄的老百姓观看，还会在县乡两级文化部门的组织下赴县城参加节日期间的游行演出。在我们调查的这两个村庄里，原先的红火队并没有随着离开乡村进入市镇的步伐而自行解散，村民们仍然对这些老式的文化娱乐活动抱有极大的兴趣和热情。

"我们村有个舞蹈队，名字叫'微笑'舞蹈队。我就是队长，带着村上的年轻媳妇家跳跳广场舞，有时候老人们也跟着一起蹦跶蹦跶，锻炼锻炼身体。2016 年夏天的时候，我们代表村上参加了县里组织的广场舞大赛，拿不拿名次倒无所谓，大伙儿高兴就行。后来过正月十五的时候，村上不是又要派人去闹红火嘞？也得给咱自己的红火队起个好听的名儿呀！赵主任说，干脆也叫个'微笑'！倒是这个名字不如别的村那么热乎，可是反而能显出咱们与众不同来。再说咱们村人少，挑不出几个舞龙和踩高跷的，不是还得主要靠媳妇们上场？后来咱们家的'微笑'红火队往外一拉，媳妇们舞着大红扇子扭秧歌，特别好看嘞！鼓掌叫好的也是一哄片②

---

① 注："八音会"是盛行于山西省东南部的一种民间吹打乐合奏形式，活跃在祭祀庙会、婚丧嫁娶、节日庆典等各种民俗活动场合。"八音"一词最早出自西周时期的乐器分类法，现在用来代指多乐器合奏的表现形式。2006 年 5 月，经国务院批准，"八音会"被列入第一批国家级非物质文化遗产名录。

② "一哄片"，当地方言，表示"一大群人一哄而起"之意。

嘣!"（八张沟张雪梅）

"2009 年刚搬到县里那会儿，干部们其实是有几方面的担心：一个是地方变小啦，有些群众性的活动恐怕就不一定具备开展条件啦；另外也担心人们一住上楼房就会变得寡淡，不像从前那样积极参加集体活动啦。后来发现不是这样，大伙儿的凝聚力还很强，积极性也很高。每年正月天闹红火组织锣鼓队、秧歌队时，还和从前一样，会唱的唱，会跳的跳，啥也不会的就去帮忙搞后勤。咱们村虽然搬到城里了，和原来的乡还是上下级关系。每年得派人回乡里面闹红火，要是演得好，被乡里选拔出来，还要代表全乡去参加县里的表演，既能给村里赢得荣誉，又能把咱们村焕然如新的精神面貌宣扬出去。"（三王村村支书王正方）

类似正月"闹红火"这样的大型群体民俗文化活动，城市居民中当然不乏观赏者，但是要以城市社区为单位，组织普通居民参与到游行、表演过程中，则是根本无法想象的。这首先是由于城市社区属于陌生人社会在基层的延伸，几乎不可能将平时极少交流的居民组织在一起开展文体活动；其次，城市居民对传统民俗文化既缺乏经验学习、技能传承的条件，也没有感情投入、兴趣培养的基础。反之，对于离土农民来说，这些都不能算作问题或困难。哪怕离开了村庄这块乡土文化诞生和成长的土壤，他们仍然会利用现有条件乃至创造条件，继续浇灌着一朵朵民俗文化之花。

（3）农事活动和村社信仰。

前面的故事曾讲到，八张沟的许多中老年人或出于维持生计和贴补家用的需要，或仅仅因为丢不下田间劳作的习惯，不得不像钟摆一样，在新村住房与老村土地之间进行着往返式短暂迁移。其余的村民虽然不再从事农业生产，可只要在老村长期生活过，也都会对土地、农具、作物等与农事活动有关的一切怀有深切的感情。村干部们大多也是在本村土生土长的，自然能够理解这种群体怀旧心理，于是，经由村委会的安排布置，村民们把老村部分保存完好的石凳、磙子、碾盘、马槽等器具拉回了新村，陈设在路边绿化带中，再用从前经常种植的蔬菜点缀在四周。这一组组具有乡土古朴气息的物件，似乎时时在提醒着乡亲们不要忘却它们当年立下的汗马功劳，俨然成了八张沟新村一道别样的风景。（见图 3.16、图 3.17）

图 3.16 八张沟新村绿化带中的石凳和磙子

图 3.17 八张沟新村绿化带中的碾盘和马槽

无论回老村继续从事种地，还是把旧时的农具置于目前的非农生产生活环境中，都证明了一点：过去多年的农事活动和农村生活经历，在离土农民的思想和身体上都打下了深深的"烙印"，从而形成了此类人群共有的群体性社会记忆。这种群体性社会记忆因为长期的、无数次的重复经历与实践，已经和农民产生了紧密的联系，并最终形成了一种习惯成自然的身体实践记忆（同时也是农耕文化记忆），并在他们离开村庄和土地之后，继续以各种形式保存在整个离土农民群体的中间。正如群体记忆研究的鼻祖哈布瓦赫（Maurice Halbwaehs）所说的那样，农民是以家庭为单位开展生产的，土地和农具既是生产资料，也一定是每个农民家庭关注的焦点，

151

甚至当他们并不从事劳作时也是如此。因此，在农民群体的共同观念中，土地、农具和家庭就非常自然地紧密联系在一起了。以至于每家房屋的位置在哪里，土地的边界怎样纵横交错，各种农具的形状和功能，早都铭刻在所有村庄成员的头脑里。在他们眼中，篱笆、沟渠、谷仓、马厩、磨盘等事物，其实都代表了家庭的边界，代表了使用过它们的人，也代表了农民群体的共同记忆。①

与八张沟相比，三王新村的中老年人尽管在主观上也希望回老村种地，但客观上过大的耕作半径和交通成本却牢牢地限制着他们的行动。同时，小区物业也不会为了照顾村民的怀旧情绪而为他们提供老式农具的摆放地点。其实就算物业同意，碾子马槽磨盘等农村常见的事物形象也同城市商业住宅小区的环境格格不入。这样一来，三王村人当然不可能像八张沟人那样，以身体实践的形式继续体验农事活动、感受村庄生活。由于群体记忆既可以表现为具有精神含义的象征符号，也可以表现为具有实体性质的物质形态②；既能够停留在语言和文本里，也广泛存在于各种有形和无形的文化载体（如石碑、牌坊、寺庙等历史遗迹，音乐、美术作品，乃至传统节日和民间信仰仪式等）中。③ 既然住在城市小区里的三王村村民无法在农事活动上找寻群体记忆，便只能把目光投向其他能够承载记忆的实体象征或文化活动上了。

在三王村旧址东北方的沙石崖上，有一座未知始建于何时、重修于清

---

① 莫里斯·哈布瓦赫. 论集体记忆［M］. 毕然，郭金华，译. 上海：世纪出版集团，2002：113－114.

② 高萍. 社会记忆理论研究综述［J］. 西北民族大学学报（哲学社会科学版），2011（03）：112－120.

③ 燕海鸣. 集体记忆与文化记忆［J］. 中国图书评论，2009（03）：10－14.

乾隆年间的城隍庙（见图3.18），目前被S县政府有关部门认定为不可移动文物。至于区区小山村为何会拥有一所祭祀城隍老爷的庙宇，因年代久远，已无法考证。不过，故老相传，此庙最初由汉光武帝刘秀下令建造，享受庙中香火的城隍老爷便是光武帝的同母长兄——刘縯。据说庙宇正门上的"幽明鉴察"匾额也是光武帝所赐（见图3.19），以期其兄尽到护佑城池、鉴察善恶之职责。小庙位于全村地理位置的最高点，距山脚足有40米高。站在庙外的平台上，三王村全貌尽收眼底（事实上，前文中图3.4拍摄者的站立位置便在此处），似乎象征着城隍老爷高高在上，日夜守护和保佑着他的信众子民们。

图3.18　三王村城隍庙

图 3.19 三王村城隍庙正门上的"幽明鉴察"匾额

这座土里土气、毫不起眼的小庙，在三王村人心里拥有极高的地位。庙中供奉的城隍老爷自然成了村庄当仁不让的守护神。据村民们讲，这位城隍老爷是"阴间的监察官"，"对好人有求必应，对坏人绝不放过"；不管谁有什么困难，"只要诚心诚意地去求他保佑，肯定非常灵验"；无论外出打工的男人过年回家，还是去县城逛街的女人满载归来，"老远一瞅见咱们村的城隍庙，好像就能感觉到老爷站在高处正看着你回来，心里一下就有底啦!"此外，城隍庙还是村民们重要的公共活动场所，"老人们逢个年过个节都要去庙里烧香拜老爷，都往外边树圪枝拴上红布条。"附近乡镇举办重要的庙会时，"还要敲锣打鼓来接老爷看戏，不接上（老爷）就不开戏。"甚至有传闻，"每年五月十一城隍老爷过生日的时候，等白天红火完了，晚上站在庙外头还能隐约听见老爷阅兵的声音。"

能够感受到，三王村城隍庙已成为本村村民眼中最主要的家园标志，围绕着"城隍老爷"开展的各种村社信仰活动和祭拜仪式，也融入到普通百姓的日常生活中，形成了他们对老村的共同记忆。一旦搬迁到城市小区，这个公共活动和精神寄托的场所便不复存在，纪念仪式无处可施，信众愿望也无处表达。为了尽可能地保留大伙儿对家园的共同回忆和认同感情（当然也为了照顾村民们的崇拜信仰心理），2010 年（即整村搬迁至县城的第二年），村民代表大会商议决定，在新村住宅楼旁的村委办公兼村民活动综合楼里，为"城隍老爷"重新准备了一间"新居"，然后把"他老人家"从旧村的小庙中"请"了出来，和信众子民们一道迁入了县城世纪苑小区。对此，某位村干部有如下解释："一开始干部们都有顾虑，怕人家说我们搞封建迷信。可是架不住村里老百姓的愿望实在是强烈，还有好多老人说，'怕那个干啥嘞！咱本来就是老农民，全国哪个地方的农民没有点儿迷信思想？再说也不全是因为迷信——老爷庙是高处①定下的文物不假吧？以前咱都住在那儿，平常就能照看住点儿，现在村里一个人也没呐了，要是再不把老爷请来，让文物贩子偷走了、破坏了咋办？'我们一听这话也有道理，就拿圣井背②说吧，他们村的人都迁走以后，先师庙里的老爷神像不就是让人用铲车铲走，给卖到河南去啦？还不如让老百姓自己供起来，恐怕比什么文物保护措施都管用。再说干部们也都是农民，还能理解不了农民的真实想法？给老爷烧了几十上百年的香啦，这一下断了，心里肯定胳应得慌，要是再遇上什么难事，好些人就开始叫嚷，'离这么远，老爷顾不上管咱们啦！不保佑咱们啦！'所以说，这也算是给大

---

① 注：在当地方言中，"高处"和"低处"有两种含义，其一为地理位置的高低，其二用来形容上下级关系。前文出现这两个词汇时，均表示地理位置的高低；而出现在此处的"高处"，是表示县、乡上级政府。

② 注：圣井背是当地的另一个村庄，村中有一座建造时间不晚于元代的先师殿。因自然条件恶劣，从 20 世纪 90 年代起，圣井背村民陆续迁离了该村，先师殿从此无人照管，并遭到了极其严重的破坏。

伙儿一个心理安慰的出路吧……"

三王村村民的上述举动，外人可能永远无法真正理解，但如果从"仪式纪念"的角度来看，不妨这样认为：群体记忆与该群体向来沿袭并遵循的文化息息相关。在一次次敬神"拜老爷"的仪式操演过程中，村民们的思维观念和肢体动作共存共生，最终成为其群体文化记忆不可缺少的部分。还可以这样认为：村民们能够依靠敬神"拜老爷"欢悦热闹的表现仪式，来填补城市生活的单调与空白，在令信众得到心理安慰与关怀持续的同时，也成功地延续了村落生活时期的群体文化。总而言之，利用"仪式纪念"的渠道，与村庄生活相联系的群体意识实现了巩固，村落共同体成员的身份认同感也得到了强化。

保罗·康纳顿（Paul Connerton）在考察社会记忆与社会秩序的关系时发现，"人们对现在的体验，大多取决于对过去的了解。我们有关过去的形象，通常服务于现存社会秩序的合法化。"他同时提出了社会记忆的两种传播方式：身体实践和仪式纪念——有关过去的习惯与记忆，总是或多或少地通过身体的操演和仪式的重复来维持与传达。① 据此理解，离土农民进城后，对村庄生产生活习惯的坚持与创新，正是这一群体将过去村庄生活在脑海中遗留的记忆形象，置于城市社会的环境、秩序、条件下，并采用合适的途径将其表达了出来。无论是八张沟村民以身体实践的形式继续体验农事活动，还是三王村人以仪式纪念的形式敬神"拜老爷"，本质上都是立足现在对过去进行的一种建构罢了。

---

① 保罗·康纳顿. 社会如何记忆［M］. 纳日碧力戈，译. 上海：上海人民出版社，2000：4，40.

（4）城乡社区空间结构差异与文化惯性、群体记忆的关系。

作为传统社会的基本单位，乡村社区同时担负着开展农业生产、维持农民生活、传承文化习俗、提供社会资源、支持国家政权等多方面功能。为了实现这些功能，土地便成为最基本的生产资料、生活资料和发展资料。由于土地的不可移动性，农民只能聚村而居，在一代又一代生于斯、长于斯、老于斯、死于斯的闭环式接力"奔跑"中，形成了具有明确自然地理边界、社会人际边界和文化认同边界的乡村社区共同体空间结构。反观城市社区，通过市场化运作和规模化经营形成的工业、商业、服务业分工体系，使得城市居民间具备了明显的异质性，同一个社区的成员，其生计来源、生活习性、文化习俗都可能完全不同。高度分化的城市社区居民，相互之间几乎无法产生心理共鸣，社区成员缺乏群体认同感，很难在社区空间里找到情感的归宿。故此，城市社区更多地体现了生活起居和公共服务的功能，而非社区成员共同体的聚集。

当农民被动地离开熟悉的、功能丰富的乡村共同体社区，来到陌生的、功能单一的城市（镇）聚落社区，当起初短暂的"新鲜感"消失后，便很容易产生强烈的不习惯、不适应。这种不习惯、不适应的根源，当然首先应该"归功"于长期失衡的城乡二元体制，但对离土农民生产生活造成直接具体影响的，则是城市社区和乡村社区在空间结构上存在的显著差异。

不同的空间结构，必定衍化出不同的生活起居形式；不同的生活起居形式，必定产生出与这种形式相匹配的行为习惯。在依照自然条件建造的村庄平房院落里长期居住，一定会形成契合平房院落的生活习惯，而这些生活习惯不可能与依照商业环境建造的城市单元楼房相契合。所以，离土农民进城上楼后遇到的第一个问题便是生活起居的"不习惯"。许多农民从村庄迁至市镇、从平房搬到楼房已逾十年，却仍旧保留着许多乡土式的生活习惯，甚至拿出"有条件上，没有条件创造条件也要上"的精神，把过去生活的惯常做法代入到现在的起居环境中。

个体的共同习惯形成了群体的习俗，习俗因其对人们行为具有的普遍约束作用而演变为制度。或者说，制度的形成是靠群体中的每一个体都在自动遵守并自我实施而实现的。① 所谓"习惯""习俗"也好，上升至"制度"层面也罢，究其本质，都属于文化的构成元素。当它们所代表的乡村文化与城市文化发生碰撞时，便如同正常行驶的列车失去动力来源后，仍会在巨大惯性的作用下继续向前行驶很长的距离。进城农民对村庄生活方式、风俗习惯、社会关系的固守与坚持，充分证明由于文化惯性的作用，乡土文化在城市空间结构环境里仍旧对农民及其家庭产生着长久、持续性的影响。

不过，习惯（俗）本身是一个开放的系统，它会随着人们经验的增长而不断调整。这种调整既会弱化旧习惯（俗），也会生成新习惯（俗）。② 也就是说，习惯虽然致力于阻止变化，但最终不得不向变化低头，失去动力来源的文化惯性亦将变得越来越弱，最终要么融入新文化，要么被新文化彻底取代。在农民进城的过程中，由于乡土文化赖以生存的村庄空间结构已不复存在，农民为了适应城市空间结构，便会逐渐放弃旧的生活习惯（俗），同时培养新的生活习惯（俗）。然而，同样在这一过程中，离土农

---

① 汪丁丁，韦森，姚洋. 制度经济学三人谈 [M]. 北京：北京大学出版社，2005：22.
② 皮埃尔·布迪厄. 实践与反思——反思社会学导论 [M]. 李猛，李康，译. 北京：中央编译出版社，2004：178.

民的群体记忆却增大了乡土文化的文化惯性，对放弃旧习惯（俗）、培养新习惯（俗）的社会客观要求起到了极强的主观制约作用。

容易想见，农民在很短的时间内离开原有的生活空间，必定保留着关于那个熟悉空间的完整记忆，当他们又去面对另一个陌生的生活空间时，就会用脑海中旧的记忆资源对眼前全新的生活场景和生活秩序给予意义性的建构与解释。尽管这种建构与解释很可能与现实错位，但在找到更好的替代物之前，他们只能凭借从前的社会记忆来挖掘现有生活的意义，从而引导自己的实践行为。① 总之，离土农民依靠群体社会记忆以及在此基础上建构起来的文化边界，来表达对过去村庄空间结构的怀念，然后在"布新不除旧"的基础上形成了属于这一群体独特的城乡交融式生活场景和生活秩序。

于是我们可以看到，村庄整体搬迁和易地重建形成的农民聚落社区，已在物质形态上具有了城市社区的鲜亮外壳。然而，在村庄长期形成的价值观念、风俗习惯、民间信仰、生存技巧等精神领域的东西，却依旧牢牢固化在离土农民的脑海里。物质结构的城镇化与文化记忆的乡土化，能够毫无违和感地共存于他们的身边。这种极富中国特色的真实画面，就将现代物质文化与传统精神文化的调合统一生动地描绘出来了。

----

① 杨雪云. 空间转移、记忆断裂与秩序重建——对征地拆迁安置小区农民城市融入问题的观察 [J]. 社会学研究，2014，40（04）：111-115.

第四节 聚落社区空间重构对村庄三大边界的影响趋势

人的本质属性——社会性决定了每个人都需要通过社会交往来证明自身存在的价值并获得别人及社会的认同。换言之，每个人绝不是孤立的个体，他与周围的人和事物总会产生千丝万缕的联系与交流。这些联系与交流，奠定了乡村社区自然、社会、文化三大边界的基础。近20年来，随着城市化进程的加快，多数村庄的整体居住空间都在不同程度上发生了缩减，不过，传统乡村社区的三大边界还是相对稳定的，村民的社会同质性和集体意识也比较强，与城市社区相比，更接近于滕尼斯所探讨的"社会共同体"概念。而当传统村落发生撤销、合并、搬迁、重建等一系列事件，村民们或与迁入地的原住居民混杂在一处，或与迁至同一安置点的其他村庄合并居住，如此便会形成多元化、差异化的活动空间。这种从传统村落到现代社区的空间压缩与集聚，不仅在表面上重新型构了乡村社区共同体的自然边界，也改变了它的社会边界和文化边界。

一、自然边界的重划和模糊化

村庄搬迁的最直观表现就是地理位置的移动。迁移完成之后，村庄整体和农户个体的物理空间都发生了巨大改变。当然，各地的情况千差万别，本章介绍的两个观察对象（三王村和八张沟）也不可能代表所有迁移村庄，但无论何种迁移动因（政府建设征地、市场交易用地、生态避灾移民、易地扶贫搬迁等），何种迁移方式（撤村并居、合村并居、迁村并点、整村迁移等），何种迁移落脚点（城市、城郊、集镇、中心村等），都意味着旧边界的消失与新边界的重新划定（如八张沟在印城镇买下整片土地，并利用街道、河渠、绿化带圈出村庄边界）；同时，原始格局的打乱又使得清晰可辨的自然边界变得模糊化不清甚至不复存在（如三王村迁入县城后，村庄的自然边界已被两栋商业住宅楼的楼号所取代）。

二、社会边界的互嵌和陌生化

传统乡村内部的价值认同感和道德内聚力使得社区成员对于先赋的血缘和地缘关系具有天然的依赖性，村庄的相对封闭性又进一步强化了工与农、城与乡、农民与市民间无形的社会边界。[①] 村庄搬迁和重建后，社区建设必须服从于迁入地的整体环境，农民的居住格局也从分散敞开转变为集中封闭。这些物理空间上的变化，直接弱化了传统社交关系，压缩了传统社交空间。与此同时，村民的生计模式基本实现"非农化"，职业身份大多转移到二、三产业，社会分层和社会流动随之增大，血缘、地缘关系中融入了大量业缘关系。总体来看，随着社会活动的日益拓展、人际关系的交错衔接，聚落社区多个（种）行为主体的社会交往空间相互嵌套、相互渗透，导致城乡之间、村村之间社会边界的互相嵌入，传统乡村的熟人社会逐渐演化为农民聚落社区的半熟人社会甚或城市社区的陌生人社会。

三、文化边界的固守和记忆化

乡村社区共同体文化边界的前提是自然边界和社会边界。如果没有村

---

① 林聚任. 村庄合并与农村社区化发展 [J]. 人文杂志, 2012 (01): 160－164.

庄清晰可辨的自然边界和建立在熟人社交基础上的社会边界，文化边界就无法形成。村庄的文化边界一旦定型，便会筑就一个虚拟的、非常牢固的"圈子"。圈内人拥有共同的价值观、归属感、融入感，以及共同的村庄生活习性和信仰；圈外人不仅难以走进圈内，甚至无法理解圈内人某些自视正常的举止做法（如三王村人将"城隍老爷"从老村"请"到新村并继续祭拜）。

当农民离开了土地和村庄，乡村文化边界表面上失去了重要的物质前提，但在农业生产和乡村生活环境中长期形成的观念、态度、习惯既不可能像自然边界那样迅速消失或变得模糊，也很难像社会边界那样被圈外人嵌入和变得陌生，而是仍然固守在离土农民的群体记忆中。特别是如果原来村庄的成员仍然聚居在一处，一个人的怀旧话题乡愁就可能引起众人深富同感的乡愁记忆，并在情感的共鸣下得到心理需求的宣泄。因此从某种意义上说，离土农民群体的共同记忆实际上对乡村文化的文化惯性力起到了"续命"的作用。

第五节 对农民聚落社区空间重构主体的再思考

"中国很大。不过我们这个很大的国家，可以说只有两块地方：一块叫城市，另外一块叫乡村。中国人口也很多，不过十数亿中国人，也仅分为两部分人：一部分叫城里人，另外一部分叫乡下人。这样看，城乡中国、中国城乡，拆开并拢，是一回事。"① 城市与乡村在物理空间上共同型构出中国，市民和农民社会空间上共同塑造出中国人。当前的中国已经从"以农为本、以地为生、以村而治、根治于土"的乡土中国转型为"乡土变故土、乡村成故乡、城乡大融合"的城乡中国。② 农民聚落社区作为传统乡村城市（镇）化进程中的过渡体，既有千年农耕社会遗传下来的乡土性，又有城市工商业环境渲染出的现代性。它集"城市特质"与"乡村性格"于一身，"既像是古老历史的遗物，又像是快速城市化过程中新生的活体"③，俨然便是"城乡中国"在各地的一个又一个小小缩影。

按照政治经济学的解释，生产方式就是社会生活所必需的物质资料的谋取方式，因此生产方式在本质上决定了人们的生活方式。进一步地，不同的生产方式和生活方式又直接导致了社会交往方式和文化传承方式的不同。也就是说，无论在城市还是乡村，生产空间都决定了生活、社交、文化空间的基本格局，决定了整个区域空间变化的基本流向。具体到村庄层面，一旦因搬迁而令生产方式不得不从以农业为主转向以非农产业为主，农民的生活习性、社交手段、文化风俗都会随之发生更替。总之，物质基础决定上层建筑，离土农民的聚落社区正是将传统村庄的生产、生活两大物理空间进行拆解，然后在城市（镇）以全新的形式重新构建后形成的。重构后的生产生活物理空间，直接带动了与之紧密关联的社交和文化两大社会空间的重新组合。

---

① 周其仁. 城乡中国（修订版）[M]. 北京：中信出版社，2017：Ⅶ.
② 刘守英，王一鸽. 从乡土中国到城乡中国——中国转型的乡村变迁视角 [J]. 管理世界，2018，34（10）：128 – 146，232.
③ 李培林. 巨变：村落的终结——都市里的村庄研究 [J]. 中国社会科学，2002（01）：168 – 179，209.

毫无疑问，在这个物理空间重构、社会空间重组的过程中，政府的意志始终居于主导地位——政府不仅能以决策者的身份向外发布政策，而且能以执行者的身份践行政策。它将社会的整体空间塑造成一个个阶层化、同质化、碎片化的单元，以此作为其开展社会治理的地域基础。[①] 这就是为什么我们能看到，尽管各个地区的自然环境、经济水平、文化基础等差异巨大，但为避灾、扶贫、征地等目的而开展的村庄撤并、易地重建等大行动，几乎皆由当地政府利用行政力量出面主导。那么，基层组织和普通村民在这一系列大行动中，又居于何种地位呢？很明显，村民最关心的是自身需求能否获得满足，个人利益如何得以维护（关于这一点，我们在第二章有过详细的描述，此处不再赘述）；基层组织（乡镇、村庄的管理者）既要认真执行政府的决定，又必须考虑村民的切身利益和主观需求（基层干部往往也是村民的一分子）。于是，农民聚落空间的成功重构与重组，必定是在体现政府意志、基层治权和村民利益之间的互动关系基础上，通过地方政府、基层组织、普通村民三个参与主体的合作博弈来完成的。

对这一合作博弈的过程，还可做如下理解：国家政策向下层层传达至地方各级政府后，地方政府会结合当地实际情况将上级政策转化为执行的意志，然后通过乡镇和村庄的基层组织来贯彻实施；与此同时，基层组织（乡镇、村庄的管理者）也需要通过践行国家政策和上级政府指令来强化自身的治权。只有当地方政府意志、基层组织治权两者与普通村民的切身利益和主观需求较好地契合到一起，才能够顺利地完成对传统乡村社区空间的解构和农民聚落社区空间的重构。

---

① 孙小逸. 空间的生产与城市的权利：理论、应用及其中国意义 [J]. 公共行政评论，2015，8（03）：176-192，205-206.

与政府和基层组织相比，村民显然不属于聚落社区空间形塑的主导力量，但他们却是空间形塑的最终服务对象——社区空间的任一变化，都会在他们的生产、生活、社交、文化等领域得到最直接的体现。如果没有一户户农民家庭的参与，这类工作就失去了任何社会意义。作为活生生的人，村民对空间变化的适应具有情境性①特征。从旧的乡村社区空间向新的聚落社区空间转换过程中，每位社区成员都需要提炼出自己对空间的理解和解释，也即把空间当作一个有名称、有边界、有涵义、有价值的重要场所，并把在旧空间中形成的生活习性、社交方式、文化习俗植入到新空间中，才能发掘出新空间和空间转换的意义。②

新物理空间的建构当然可以简单快速地完成，然而新社会空间的组合却是复杂且漫长的。如何通过农民聚落社区空间的有效重塑，来促进城乡融合、实现空间正义③以及创建良好的空间秩序，是值得我们进一步深入研究的课题。

---

① 注：情境是由外界景物、事件和人物关系等因素构成的某种具体的境地。这种境地既囊括了客观环境因素（时间和空间），又暗含了人们的主观心理因素（立场和态度）。情境性即表示当事人的主观立场、态度会受到客观时空环境和人物关系的深刻影响。

② 陆益龙，韩梦娟. 村落空间的解构与重构——基于华北 T 村新型农村社区建设的考察 [J]. 社会建设，2020，7（01）：44－57.

③ 注：所谓"空间正义"，是指在社会发展过程中，要在追求资源分配效率的基础上兼顾不同群体的利益；尊重空间区域内每一位居民的基本权利，创造人人可享的基本保障和公共服务，提供均等自由的发展机会。

第四章

农户婚姻家庭关系的嬗变

家庭，是社会的基本细胞，是人类社会的基本组织形式。[①] 婚姻，是家庭的前提，是核心家庭、联合家庭得以形成的必要条件。社会发展每向前推进一步，都会赋予婚姻家庭新的内容、新的观念和新的活力。[②] 因此，婚姻家庭对社会发生的任何细微变化都极为敏感，从一个又一个普通家庭中，既可以观察到社会进步的整体成就，也能够发现社会面临的各种困难和矛盾。

人的一切活动最初均发源于家庭。家庭不仅是居民日常生活的主要载体，也成为了其他活动领域延续与创新的基本场所。可以说，居民的日常生活与其他活动贯穿于一个家庭从形成、发展到消亡的生命周期全过程。随着信息化、全球化趋势的加快，人的生存手段、生活方式以及社会的运行机制都发生了急剧的变化，中国城乡居民的婚姻家庭关系也毫不意外地产生着各种外在形式和内在机理上的嬗变。

在城乡融合不断加速的进程中，很多农民或者为了实现改善生计、享受现代文明成果的愿望而主动进入城市，或者在政府主导的"撤村并居""整村搬迁"规划下被动离开土地。这一从乡到城、离乡入城的整体趋势，

---

① 江泽民. 江泽民文选（第二卷）[M]. 北京：人民出版社，2006：187.

② 张金荣，徐佳. 如何构建和谐婚姻文化 [N]. 人民日报，2014–3–18（7）.

以及这一趋势引发的利益纠葛、观念变化，给农户的婚姻家庭关系带来了极其深远的影响。

第一节 透视青年农民工的"闪婚"[1]

与现代都市相比，农村的生活节奏一直都是稳定和缓慢的，即使在当前城乡融合的社会转型期，村庄仍然带有明显的乡土社会特征。处于这样一个相对封闭的社会结构里，村民的人际交往范围往往限于村庄成员之间，不仅日常行为轨迹有一定的规矩可循，甚至每个人一生所要经历的重要事件及过程也是可以预见的——这其中当然包括了农村青年的婚姻大事。

随着20世纪90年代农民"务工潮"的兴起和近20年来城乡融合进程的不断加快，农村已被席卷到城市化和现代化的浪潮之中，大量青壮年农民离开田野和村庄，进入工厂和城市。国家统计局《2019年农民工监测调查报告》显示，2019年农民工总量达到29077万人，比上年增加241万人。从年龄上看，外出农民工平均年龄为36岁，其中40岁及以下占比67.8%；性别比例上，男性64.9%，女性35.1%；婚姻状况上，已婚者为80.2%，未婚的（含丧偶未婚和离异未婚）占19.8%。[2] 长期的非农就业

---

① 注：本节所涉对青年农民工"闪婚"现象的描述以笔者的学生李艺在其家乡（山西省L市T县）多个村庄开展的社会调查为基础。李艺同学曾在笔者的指导下完成了《农村青年"闪婚"现象调查》一文，经其本人同意，本节选择性地采纳了该调查报告的部分内容。

② 中华人民共和国国家统计局.2019年农民工监测调查报告［EB/OL］.中华人民共和国国家统计局官网，2020－04－30.

生涯和城市生活环境，使农民工的观念产生了深刻的变化——婚恋观念自然也不例外，呈现出多元化、新潮化态势。然而，令人难以理解的是，相当多思想观念已经转化的青年农民工，却同他们的祖辈一样，在短短的时间内，便与原本完全陌生的异性完成了"闪电相亲""闪电订婚""闪电下聘""闪电结婚"等一系列令人瞠目的"闪电式"结合。

显然，"闪婚"的做法是轻率的，是与"终身大事"的重要地位不相匹配的。青年农民工的"闪电式婚姻"，对家庭稳固、子女抚养、父母养老乃至社会风气的影响都将是长期的。这类快餐式的婚姻与爱情，也为我们带来了一系列需要思考的问题："闪婚"作为一种缺乏理性的婚恋观，为何会在青年农民工中流行起来？青年农民工的当代"闪婚"现象与传统的快速婚姻有何不同？针对青年农民工的"闪婚"现象，应如何开展正面引导？

一、对青年农民工"闪婚"现象的研究回顾

"闪婚"是"闪电式婚姻"的简称，用闪电一词来形容男婚女嫁的进展速度之快，可谓形象生动。具体来看，"闪婚"是指男女双方经过短暂的相识后，并未持续一定时间的交往和相互了解便快速确认婚姻关系的一种婚姻形式。[1] 闪婚族的一个重要特点是仅将婚姻视为个人行为，男女双方当事人的认知与情感是择偶的决定因素，而传统意义上的家人参与择偶过程在"闪婚"中被淡化和边缘化了。[2] 而青年农民工的"闪婚"与一般

---

[1] 杜洁."80后"青年婚恋新现象面面观［J］.中国青年研究，2009（04）：5-8，12.
[2] 张杰."闪婚"与"啃老"——"80后"理性行为背后的文化逻辑［J］.青年研究，2008（06）：34-37.

意义上的"闪婚"又有所区别，大多表现为青年农民工利用节假日归家的短暂期间，在父母、亲朋好友或其他媒人的介绍下，以双方能够接受的"彩礼"等物质条件为前提迅速确定恋爱关系，然后共同外出务工、同居，相当于在很短的时间内结婚或形成事实婚姻。① 由于传统农村社会与现代城市社会有很大的不同，青年农民工进城实际上相当于人的继续社会化，这样看来，外出务工无疑是一项特定的"重大事件"，它对农村青年的婚姻家庭所产生的影响必然是长远而深切的。② 如果进一步分析农村务工青年闪婚的现状、特征和趋势，当可发现闪婚恰恰彰显了城乡二次元结构下农村青年面临的结构性婚姻选择困境。③ 换言之，闪婚现象在农村的不断增多是务工潮带来的跨省婚姻、婚恋及生育年龄的超前、青年群体的婚姻期待等因素共同塑造的结果。④

二、青年农民工"闪婚"现象解读

（一）基本情况介绍

T 县位于山西省东南部，行政隶属于 L 市。与 L 市的其他区县相比，地势较为平坦，属于传统农业大县。20 世纪 90 年代前，农民多以种地为生，其后，随着"务工潮"的兴起，部分青壮年农民离开土地，流向北上

---

① 陈锋．"闪婚"与"跨省婚姻"——打工青年婚恋选择的比较研究［J］．西北人口，2012，33（04）：52 – 57.

② 风笑天．农村外出打工青年的婚姻与家庭——一个值得重视的研究领域［J］．人口研究，2006（01）：57 – 60.

③ 裴斐，陈健．农民工"闪婚"——后城乡二元结构中的挣扎［J］．齐齐哈尔大学学报，2008（09）：73 – 75.

④ 王会，欧阳静．"闪婚闪离"：打工经济背景下的农村婚姻变革——基于多省农村调研的讨论［J］．中国青年研究，2012（01）：56 – 61.

广深等国内一线城市。2015 年以来，T 县县委县政府大力推广以"稳特新、转扶引、兴带联"① 九字举措为代表的"产业转型提速工程"，引导着更多的农业劳动力从第一产业涌入第二和第三产业。与此同时，青年农民工"闪婚"现象开始频繁地出现在人们的视野中。

据我们在 T 县多个村庄开展的调查，"闪婚族"一般是 20～35 岁的外出务工人员，并呈现出"人数越来越多，年龄越来越小"的趋势。这些长期外出务工的未婚（含离异和丧偶）青壮年农民工利用节假日返乡的短暂时间，经身边的亲朋好友或"有经验"的媒人撮合，能够在极短的时间内迅速完成从相识到结婚的全过程。特别是春节前返乡的高峰期，已经成为未婚农民工的相亲密集期，大批青年男女都是在马不停蹄的相亲和婚事安排中度过腊月天的。由于时间紧迫②，多数伴侣从相识到结婚不超过一个月；更有甚者，只要头天见面感觉各方面条件比较般配，第二天就可以上门订婚，然后在一周之内操办完符合当地风俗要求的各项婚嫁仪式。

而据 T 县很多中老年人回忆，以前（指 20 世纪八九十年代）农村的大部分适龄男女青年也是通过相亲认识的，还有一少部分是在劳动、学习中自由恋爱结合的，但不论是哪种形式，双方都会经过较长时间的相互了解和熟悉："谈上年把的③都比较正常，两三年也不算太稀罕。"当时的极

---

① T 县的产业转型"九字"举措以三个字为一组，分别代表一、二、三产业的工作要点。其中第一产业的要求是稳、特、新：稳定粮食产量，做强特色农业，培育新型职业农民；第二产业的要求是转、扶、引：转型煤炭产业，扶持新兴产业，引进重点项目；第三产业的要求是兴、带、联：即兴办体育产业，带动文化旅游业，利用"互联网＋"实现服务业联动。

② 注："正月不娶"的风俗在当地沿袭已久，反之却有"腊月里每天都是好日子，都适合办喜事"的说法。

③ 注："年把的"，当地方言，意同"个把年头"；下文"月把的"同理，表示一个月左右。

少数"闪婚族",在村民们的眼中属于另类:"八几年九几年也有认识不几天就结婚的,可那都是些小痞子,根本就没呐和家里面商量!"面对近年来愈发迅速的"闪婚"节奏,他们也表示看不懂:"按理说现在年轻人的思想应该是更开放更自由了吧?结果反倒像旧社会一样,那么快就能成个家。估计人家有人家的道理吧!咱操那个乏心①干甚嘞?"

可见,即使在普通老百姓眼里,"闪婚"也不是一种正常的、符合一般规律的婚姻方式。为解答上述疑问,我们与多位经历了闪电式结婚的青年农民工进行了无结构式访谈②,通过了解他们快速确定终身大事的主观心态,以及可能对此类婚恋观造成影响的客观因素,来探察"闪婚"族中存在着的共同性行动逻辑。

(二)青年农民工的"闪婚"动因解读

1. 性别结构失衡与适婚资源欠缺

农民外出务工的逻辑有三种:一是为了提升自己和家人在村庄生活的质量,二是为了积攒进城安居所需的资源③,三是即使无法进城定居,也要随时享受城市丰富的文化生活和公共服务。这里面的第一种逻辑是服务于村庄的,后两种逻辑则是服务于逃离村庄的。但无论出于何种目的,务工农民都很难真正地成为城市的一分子,同样地,未婚青年农民工在城市婚恋市场中一定处于底层,谈不上有什么婚恋竞争力。而且农民务工渠道往往比较单一,不同工种之间的性别比例严重失衡,异性农民工之间相识相恋的可能性也非常低;如果再考虑到不同地区语言交流、生活习惯、文

---

① 注:"乏心",当地方言,指不必要的"闲心","操乏心"就是替别人"操闲心"。
② 注:这部分个案调查是在 2019 年 7 月初至 9 月末进行的,访谈对象均为化名。
③ 贺雪峰,董磊明. 农民外出务工的逻辑与中国的城市化道路 [J]. 中国农村观察, 2009(02):12-18, 95.

化心理上的巨大差异，基本上就把青年农民工在城市"找对象"的道路给堵死了。这样一来，他（她）们中的大多数只能选择回家乡去寻觅"生命中的另一半"。

刘长友，男，29 岁，曾就读于本地一所职业技术学校，毕业后一直在江苏、广东等地的汽修厂和建筑工地打工，身边接触的人员大都是和他一样的男性外出务工人员，没有合适的女性交往对象。2018 年 9 月末，他在父母的不断催促下回到 T 县老家，与舅妈介绍的同为外出务工青年的李珍相亲。二人于国庆节当天在一个农家饭店就餐，初次见面双方感觉都不错，就互相加了微信好友，随后又通过微信聊了几天。10 月 5 日和 8 日，双方家长碰了两次头；10 月 10 日，女方到男方相家①，第二天商定了彩礼、接亲、喜宴等各种结婚程序，并在一周内购买了家居、服装、首饰，拍摄了婚纱照；10 月 20 日，两人举行了婚礼。婚后不久，李珍辞去了原来的工作，和刘长友一同赴广东打工。

Q：你（在外地）打工的时候没呐寻上个合适的对象？咋非得老家相亲？

A：我那会儿念了个技校，学的汽修，学校本来就没呐几个女生，我这个专业更是一个也没呐。后来去外面打工，主要也是在汽车修理厂，还在工地待过，这些地方也一样没个女的。再说，就是有女的又能咋样？城里姑娘根本瞧不上咱，村里来的又都是南方人，说话都听不太懂。再说现在的闺女都厉害，真要是找上个外地的，将来回你家

---

① 注："相家"，当地方言，女方去男方家相看各种实际情况。

过年还是回我家过年，恐怕都得吵起来。

Q：你和她才相了一面，怎见①就认住这个人了呢？

A：我这两年也相了好几个，也不知道谁合适谁不合适，都觉得差点意思，没有感觉吧！这回见她第一眼就觉得挺慊②的，就加了微信，后来聊了几天，知道她和我自己的经历比较像，也挺有共同语言。我妈问我咋样，我说还可以，要不就她吧？我妈就让我妗去问了问人家，人家也觉得我不错。然后两家大人坐下来商量了一下就定下来了，就开始准备（婚事）了。

Q：你结婚以后没有想着在咱这儿找份工作？你媳妇（李珍）嘞？

A：本来想在矿上（指本地的煤矿）找份工作，（可是）没有（找到）合适的，又找过咱县的几个汽修厂，挣钱也不如广东那边多，就想着还回（广东）去吧。我媳妇原来在南通一个电池厂打工，刚结婚不想马上分开，就辞了那边（的工作）和我一起去广东了。

Q：你们都在外地打工，不怕影响以后（的生活和工作）？

A：应该……也没呐什么影响吧？在外头就是为了多挣点钱，肯定不会长久了，等年纪一大还是得回来。现在我俩暂时租个小房儿过生活也还不错，除了每天上下班，虽然是平平常常的，也和以前不一样了，不是一个人了。要是明后年有了孩子，就送回来让家里面老人给带一带。你要是这样想，在外面打工和在咱这儿上工也没呐太大区别。

---

① 注："怎见"，当地方言，"为什么"。
② 注："慊"，当地方言，"可爱"。

可以看到，青年农民工尽管已经离开村庄多年，但在城市的生活圈子却依然十分狭窄，受囿于边缘化的群体环境和稀缺的人际资源，他们几乎不可能在城市找到和享受属于自己的爱情与婚姻，只能将择偶的目光重新转回家乡。虽然婚姻的过程是闪电式的，但与婚姻对象却拥有语言交流、生活习惯上的共同基础，未来一旦出现年龄增长、企业裁员、经济形势恶化等问题，不得不离开务工地点、退守家乡时，也不会产生因属地差异导致的矛盾。此外，在抚育子女、父母养老等现实需求上，相对更容易获得"后勤保障"式的支持。

2. 长辈的催婚压力与同龄人的示范效应

在性别比例失调造成的婚姻挤压形势下，农村青年（特别是农村男青年）由于个人发展潜力有限、家庭经济实力较弱等多重缘故，在整个婚姻梯队序列中处于较低的层次，而梯队序列的末端则呈现为底层沦陷——打光棍。[①] 在其他条件没有提升空间的前提下，未婚农村青年的家长只能把年龄作为唯一的比较优势，从而形成了"找对象要趁早""越迟越没人要"的恶性循环心理。如果学业不济，高中毕业甚至初中毕业后忙着找对象的一抓一大把，二十三四岁仍然单身的就会被认为是"有问题"。那些外出求学和打工的男女青年，如果不能在读书或务工期间找到合适的对象，往往会因为年龄偏大被"剩下"。因此，无论是青年农民工的家长还是其本人，都普遍存在一种时间拖得太久就很难娶到好老婆或嫁个好男人的担忧。

张波，男，25岁，高中毕业后曾在家赋闲两年，后经老乡介绍前往省

---

① 陈文琼，刘建平. 婚姻市场、农业剩余与光棍分布——一个理解农村光棍问题的中观机制 [J]. 人口与经济，2016（06）：10-20.

城太原的一家快递公司担任快递员。2019 年初，张波回乡休假期间，经同学介绍，结识了附近另一村庄的赵小芳。双方见面后互有好感，决定继续交往。此时男方父母提出：儿子的工作较忙，又在外地，可能没有充裕的时间谈恋爱，为不生变数，希望他们尽快结婚，最好能赶在春节前把喜事办完。女方父母亦表示赞同。于是，张赵二人在相识半个月后举行了婚礼。春节假期结束后，张波又在原快递公司工作了半年，然后辞职回到 T 县，成为某外卖平台的一名外卖骑手。

Q：你长得这么帅，肯定不愁找对象，咋这么着急结婚嘞？

A：帅不帅都是别人说嘞。以前咱倒是也谈过其他女孩，不是因为这就是因为那……反正总不合适吧。一开始咱也不急，后来一年比一年大，就算我自己不急吧，我爸我妈越来越着急，成天问我咋还没有找上对象？我跟你说，一点都不夸张，真的是天天打电话催！说我姑姑、我小爸①、我姨家的孩子闺女们都结婚啦，谁谁谁的孙子都过完三岁生日啦！过罢年就25（岁）快30（岁）了，再不找可就找不下啦！弄得人心烦死了，说得次数多了，我自己也开始害怕真找不下合适的了。

Q：我不是说你结婚早，我的意思是，你俩反正已经相中了，多处一处也不是坏事。现在没有太多了解就这么快结婚，是不是有点……

A：没事没事，这也没甚不好意思问的。一个是他爸妈和我爸妈

---

① 注："小爸"是当地人对父亲的弟弟的称谓。

都说，我在太原，工作又忙，怕没时间处，想让尽快把（喜）事办了；再一个主要是我自己也（同意）……就像我去年谈过的那个对象吧，也挺合适的。可是她爸妈催她快点嫁，我去年又是本命年（不能结婚）。人家受不得爸妈的催，就去相了别人，然后把我蹬了。现在这个要是再不抓住，说不定也得跑了。

　　Q：你刚才说亲戚家的孩子早早都结婚了，他们那会儿从相亲到结婚应该不会像你这么快吧？

　　A：这你可猜错啦！他们不光比我（结婚）早，一个个也都不比我慢多少。时间最长的也就谈了俩月，大部分都是一个来月就结了。像我姨家的大闺女——我那个姐，才叫怕嘞，和我姐夫见面没呐三天，倒去领（结婚）证啦！反正大家都这样，我这样也没呐个甚，你说对不对？

　　无论城市还是乡村，父母都会把子女的婚事当作自己必须负责和"操心"的大事，一旦子女达到适婚年龄而又没有对象，父母定会成为催婚大军的主力队员。在乡村，由于传统的子嗣观念和现实的养老压力，这一点表现得更为突出。尽管今天的婚恋观念越来越自主化，长辈的态度已不再起决定性作用，但是子女还是会体谅父母的心情，尊重父母的意见。特别对于经济独立性差、婚事主要靠父母操办的务工青年来说，父母亲仍然拥有很强的话语权。如此一来，父辈的焦急催婚便形成了农村务工青年"闪婚"的重要推手。

　　另一方面，作为典型的社会性动物，几乎没有人能够避免从众心理和群体意识。拥有相似生活经历、家庭背景和价值观念的人群，彼此间的影

响力更大。当亲朋好友、同学同事中许多人的婚姻都以"闪电"般的方式
完成，必然会对未婚者产生强烈的示范效应。正如案例中吴磊所说"反正
大家都这样，我这样也没什么"——他们并不会特意地反感、拒绝那些缺
乏相互了解的婚姻；反之，既然同龄人的人生步调大都如此，自己加入到
"闪婚"行列中，便也是顺理成章的了。

3. 恋爱高投资与闪婚低成本的比较

此处的"投资"和"成本"是同一个概念，用来表示青年男女在恋
爱和结婚过程中必须消耗的人财物力，以及为增进了解所需投入的时间、
精力和情感。这一系列物质和精神方面的付出，是人们选择婚恋模式时必
须考虑的因素之一。众所周知，农村务工青年普遍工作时间长，平均收入
水平低，对婚恋过程所需的物质支出和时间成本都更为敏感。事实上，本
次调查的受访对象中既有已婚者，也有部分未婚人员。他们都一致认为，
"闪婚"的综合成本要远远低于一般形式上的恋爱和结婚。

"我是'闪婚'不假，可你知不知道'闪婚'有多省事？去年（2018
年）我娶媳妇的时候，因为时间太紧，没法细安排，干脆一次性给了她家
二十六万八。[①] 听上去不少，可是这一锤子买卖就把媳妇娶回家了。要是
不这样，比方说谈上年把左右，隔三岔五去她家得买东西吧？俩人平常吃
饭、逛商店、出去耍都得花钱吧？一年下来怎么也得多花好几万，倒不是
说不该花，关键是花了钱也不能保证人家就跟你呀！万一哪天分了手，这
些钱不是就都打水漂啦？等到准备结婚的时候，彩礼呀，婚纱照呀，还有

---

① 注：山西省多数地区的彩礼相当高，农村一般家庭娶媳妇，需向女方支付 15～25 万元
的彩礼，而且为了听上去"吉利"，往往附带 8000 元钱的尾数。

三金①、衣服……杂七杂八的更多。还不如像现在这样，搞个'承包制'，一总算进去就完事儿啦！"（T县在京务工男青年李涛）

"'闪婚'没呐什么不好。像我，一个打工的，没呐什么学历，长得也不好看，条件高的肯定瞧不上咱。再加上我们超市人手不够，每个月休息不了几天，逢年过节又特别忙，就算有个合适的（对象），也没呐时间谈（恋爱）。再说那些谈了好些年最后分开的实在是太多啦！浪费那么久有甚意思？所以我想，要是哪个公家单位的……不敢说正式工吧，就合同工能瞧上咱，我马上就嫁。实在不行，和我一样打工的也行，只要他没呐什么坏毛病，谈上月把的就可以结婚。"（T县某超市收银员杨艳）

从上面两位受访者的表述可以发现，通过比较两种婚恋路径的成本效用，"闪婚"被农村务工青年认为是更省事、更划算、性价比更高的婚姻模式。"闪婚"以经济、便利、省时为导向，以损失相互间的深入了解为代价，将一切恋爱和婚姻的准备、交流、铺排过程进行了简化处理，具体表现为以下方面。

首先，"闪婚"使婚恋的可计量经济成本大大降低了，如避免了长时间恋爱的交往支出和节假日看望双方父母、亲戚的开销，而将有限的金钱用在所谓"必要"的环节上。

其次，"闪婚"有助于减少无形的精力投资，这令工作强度大、休假时间极其有限的务工青年非常乐于接受——每年春节期间出现的返乡青年"相亲潮"便是最好的证明。

第三，"闪婚"能在较大程度上避免婚恋对象选择过程中出现的机会

---

① 注："三金"指结婚前由男方为女方购置的首饰，多为金戒指、金项链、金耳环三样；有些地方称"五金"，同理。

成本。① 由于机会成本的衡量往往带有"事后诸葛亮"的性质，因此机会成本不存在方为上策。在农村婚姻市场功利色彩越来越浓的今天，相亲对象从结识到结婚经历的时间越长，双方关系存在的变数就越大。对男方来说，婚姻市场男多女少的现状给他们带来了巨大的压力，如果不尽快把媳妇娶回家，未来结果很难保证；对女方而言，各方面条件合适的男士同样稀缺，而且抱着"女孩子耽误不起"的想法，很容易形成"过了这个村就没有这家店"的心理。为了尽可能消除机会成本，男女青年及其家长都有很强的动力来加快婚姻的步伐。

不可否认，"闪婚"的社会背景与个体成因必然是相当复杂的，除了以上几方面以外，务工群体的流动性与不稳定性、婚恋观念的自我意识、青少年性成熟提前等因素都对农村青年的婚恋节奏起到一定程度的加速作用。那些经历过"闪婚"的和尚未经历但赞成"闪婚"的青年人，并不是不清楚这种婚姻形式的弊端，然而时间的限制、属地的差异、经济的压力、交际的有限，当然还有来自世俗的指责，都令他们只能接受相对务实的"闪电式婚姻"。换言之，一般人看来缺乏理性的"闪婚"，在农村务工青年及其家庭眼中，也许正是一种多角度权衡下的无奈选择。

（三）现代"闪婚"与传统快速婚姻的比较

"闪婚"，并非当代农村务工青年的专利。传统社会"父母之命，媒妁之言"式的婚姻便是"闪婚"的鼻祖。传统婚姻的速度之所以快，是因为婚姻主要服务于传宗结代。正如《礼记·昏义》所述："昏礼者，将合二姓之好，上以事宗庙，而下以继后世也，故君子重之。"在这种观念影响

---

① 注：机会成本是指在"鱼与熊掌不可兼得"的约束条件下，行动者选择某项方案而不得不放弃其他方案所付出的代价。

下，男女双方在结为夫妻之前有没有感情并不重要，甚至见没见过面也不重要，能够"事宗庙"（得到长辈的同意和祝福）并且"继后世"（传宗结借代）才是最重要的。类似地，革命战争年代和社会主义建设初期常见的战争婚姻、政治婚姻等各类组织包办婚姻往往也没有感情基础，男女双方出于政治目的和组织稳定的需要而结为夫妻，由于速度同样很快，也可以看作是传统婚姻的继承。

虽然传统快速婚姻和组织包办婚姻并不过多地考虑人的因素，但在思想观念、道德伦理、权力制度和经济地位的约束下，婚姻结构比较稳定，离婚率非常低。婚前没有感情基础也不要紧，可以"先结婚后恋爱"，走一条日久生情的道路。而今天农村务工青年的"闪婚"，只是人为地缩短了婚恋过程，并不具备旧式婚姻的社会土壤和思想观念支撑，其内涵和外延与传统快速婚姻有着显著的区别。

（1）思想观念上：古人通过培养人们的礼教观念来维护社会秩序，规范家庭关系。除非女子因"七出"① 之罪被丈夫休弃，一般很难出现婚姻终止的现象。现代"闪婚"只是婚恋过程快，男女双方的婚姻观、爱情观仍然是多元、开明和自由的，非常注重个人生活质量，三观一致、生活习惯合拍才是婚姻稳定的基础。

（2）道德伦理上：古人以"三纲五常"和"三从四德"作为基本道德准则和行为规范，对婚姻状态约束力度大，有利于婚姻关系的维护。婚姻一旦破裂，当事人往往需要承担他人的歧视甚至指责。现代"闪婚"的青年男女几乎不会注重别人的看法，只要不违反法律法规，自己的事情自

---

① 注："七出"最早见于《仪礼·丧服》，至唐代方始定型，具体包括"不顺父母、无子、淫、妒、有恶疾、口多言、窃盗"七项所谓的"罪名"。

已说了算，传统道德对婚姻的约束力直线下降。而且由于双方缺乏互相了解，婚后更易凸显家庭矛盾，"闪婚"更容易带来"闪离"。

（3）权力制度上：传统婚姻是礼仪制度的产物，组织包办婚姻又受到政治权力的干涉，制度的控制使夫妻关系归于沉寂和稳定。很多人不是不想离婚，而是不敢离婚。现代婚姻受《婚姻法》等法律制度的保护，婚姻自由既包括结婚自由，也包括离婚自由。每个人都可以根据自己的意愿决定是否缔结婚姻和解除婚姻。

（4）经济地位上：古代女性一般没有经济收入，没有财权，比较依靠夫家，"嫁鸡随鸡，嫁狗随狗"，婚姻状况会尽力维护，稳定性高；新一代女性，要求自己经济独立，有稳定的工作，稳定的收入，有一定的物质基础，对婚姻质量也会有高要求，需要"爱情"，一旦不符合心理期待，就会离婚，婚姻状态变化较大。

三、对青年农民工"闪婚"行为的引导路径

婚姻是构成家庭的要件，家庭的稳定性很大一部分取决于婚姻的可靠度和夫妻感情的牢固度。"闪婚"的快速性往往带来了家庭的动荡——所谓"闪婚多闪离"，这非但严重伤害婚姻双方的感情，也不利于后代抚育和老人赡养。"闪婚"或许是青年农民工多方权衡后的选择，但它毕竟是不得已和不正常的，如果任由这种无奈的选择蔓延下去，将对农村核心家庭的结构、功能造成相当大的负面冲击。因此，必须重视青年农民工"闪婚"现象，积极发挥社会导向作用，引导农村青年树立正确的择偶观、婚恋观，尽可能消除或降低"闪婚"造成的不良影响。

（一）加强法治教育，避免事实婚姻

据我们在 T 县的调查，"闪婚"的农村青年在举行婚礼前到民政部门

进行婚姻登记极其罕见。一方面，务工青年回乡相亲的时段往往集中在事务繁剧、人流量大、交通拥堵的春节、国庆等重要节假日前后，时间紧张也是事实；另一方面，农村青年及其父母的法律观念淡薄，他们总能找出理由为无证婚姻辩解，"结婚杂七杂八的事本来就多，我们的时间更少，哪有时间去登记？大伙儿都懒得登记，反正也没人管。"在他们心中，一纸证书的重要性远比事实婚姻低得多，"现在谁还问你有证没呐？只要喜事办得干净利索，两人住到一起不就行了？我们村有好几家直到孩子快上小学啦，学校说没呐户口不让报到，才去领的结婚证。"更有甚者，认为结婚不登记恰好为"快结快离"提供了便利，"结（婚）的时候没呐领证，离（婚）的时候也不用去麻烦人家民政局。自己分开就行了，你瞧多简单！"

事实婚姻的做法大大降低了这件人生大事的神圣性和严肃性，婚事过程的自由快捷又在客观上助长了"闪婚"的流行，也直接导致一旦婚姻破裂出现财产分割、子女抚养等矛盾，难以通过法律途径加以解决。故此，农村的基层管理人员应借助《中华人民共和国民法典》正式颁布、即将施行的契机，把宣传《民法典》中婚姻家庭部分的法律规定作为日常工作的常态①，用法律的严肃性驱赶"闪婚"行为的轻率性。另外还应看到，务工青年的父母往往是"闪婚"的背后推手，而身边一桩桩"闪电式"婚姻，对青少年未来的婚恋观和家庭观将产生怎样的影响，不问可知。鉴于此，宣传教育的对象不能局限于适婚男女青年，还应包括他们的长辈以及

---

① 注：2020年5月28日，第十三届全国人民代表大会第三次会议通过了《中华人民共和国民法典》。其中第五编《婚姻家庭》专门调整婚姻家庭产生的民事关系。根据《民法典》第一千二百六十条规定，该法自2021年1月1日起施行，《中华人民共和国婚姻法》《中华人民共和国继承法》等九部法律同时废止。

正处于身体发育和心理成熟期的青少年。要把农村老中青少四代人共同作为普及婚姻家庭法律工作的对象，在思想意识的基础层面建立起预防盲目"闪婚"和事实婚姻的堤坝。

（二）理解婚姻本质，审慎对待"闪婚"

如果说，法治观念的缺失在一定程度上加剧了农村青年"闪婚"现象的话，那么，"闪婚"之后的他们往往又因家庭责任感的淡薄而产生各种矛盾——毕竟，两个原本并无交集、仅靠外貌、印象、彩礼等外部条件"搭配"成为夫妻的青年男女，很难真正理解婚姻的本质。

婚姻的首要作用是通过两性结合来实现人类自身的种群繁衍，仅就这一点来说，它似乎与动物繁育后代的本能并无区别。然而，绝不能把自然属性当作婚姻的本质属性，同时也不应简单地把婚姻当成一项规定夫妻双方各项权利义务的契约。婚姻本质上是一种建立在男女双方共同结合意志上的伦理实体。① 社会属性才是婚姻的本质属性。婚姻不仅仅是两个当事人之间的事，它的影响力会辐射到家庭、社区、民族甚至整个社会。

事实上，部分"闪婚族"甚至对婚姻家庭抱着一种戏谑的心态。我们在调查中，听到过一些令人感慨的言论，如"我也知道结婚太快了不好，俩人不合适咋办嘞？问题是现在不结以后也得结，还不如早点结了让我爸我妈高兴高兴。"只把婚姻当作不得不经历的人生任务，任务一旦完成，就能给父母交待过去了。"他娶我的时候给了十八万八的彩礼。后来我俩商议，万一要是过不下去，只要没呐怀上孩子，（结婚）不到半年退给他十三万，不到一年退八万，超过一年只退五万。有了孩子一分钱不退。"

---

① 中共中央马克思恩格斯列宁斯大林著作编译局. 马克思恩格斯全集（第 1 卷）［M］. 北京：人民出版社，1956：183.

将婚姻生活和金钱关系紧密挂钩，似乎婚姻稳固度是靠物质利益加以维系的。"这种事看你怎样去理解了吧。要我说，结婚前没呐培养出来感情其实也是好事，（结婚后）过不到一起马上就离，俩人都不会难受。反正国家提倡自由婚姻，谁也不用拖累谁。"自我意识十分强烈，成年人的严肃事情好像和小孩子"过家家"一样，忽略了婚姻对家庭和社会的重要意义。

鉴于此，必须让新生代农民工认识到，婚姻不是计较价钱的买卖，不是传宗接代的工具，更不是"别人咋样我也咋样"的盲从和"能过则过不能过就散伙"的游戏。它既关系到男女双方的生活质量和终生幸福，更承载着家庭、村庄和社会的责任。农村务工青年的家乡和务工所在地的社区单位，都有义务开展必要的婚姻家庭教育，通过形式多样的宣传活动，帮助他们认识婚姻本质，端正婚姻动机，严肃婚姻态度。只有外部潜移默化的引导与自我人生经验有效结合在一起，方可使务工青年理解婚姻之于个体、家庭和社会的重要意义，在面对各种婚姻问题时才能够避免冲动，做出合理的判断和理性的选择。

四、结语：从婚姻动机的进化看"闪婚"的落后性

婚姻动机论的提出者穆勒（Lyer Muller）认为，人们结婚并组建家庭的动机不外乎以下三种：扩大经济利益、培育后代子嗣和延续双方感情。三个动机的排列顺序是按照其在不同历史时期的重要性进行的。[①] 在生产力水平极其低下的上古时代，人的生存是第一需要，私有制前提下的家庭

---

① 林胜. 从择偶的理论到择偶理论——从社会学方法论的争论看择偶研究［J］. 社会，2002（09）：47－50.

内部男女分工合作，能够创造比单打独斗多得多的物质财富，此时婚姻的主要动机是经济。在社会经济水平和居民个人财富都得到持续增长的中古时代，人们的产权意识逐渐加强，私有财产的继承问题浮出水面，培育子嗣成为婚姻生活的最重要内容。也就是说，工业革命之前，婚姻的首要目标是在于通过缔结夫妻间的契约来保证经济利益和后代传承，个人感情虽不至于无足轻重，但绝不是主流——这也是旧时中国和欧洲的婚姻形式不约而同地采取了家长包办、政治联姻为主的原因。而当人类步入现代社会之后，男女平等和尊重个体的观念兴起，婚姻当事人的主体地位逐步获得家庭和社会的认可，延续双方感情便成为了婚姻的主导动机和主流动机。

在承认婚姻主导和主流动机依次经历了经济、子嗣、感情三个阶段的前提下，还应该看到，具体到每个家庭、每位婚姻当事人，情况又是千差万别的。古时当然不乏为追求忠贞爱情而结合的伴侣，现代社会同样能看到为追求经济利益、完成生育任务而步入婚姻殿堂的夫妻。只不过，少数现象并不能掩盖每个时代的婚姻主导（主流）动机。旧时婚姻动机的主流必然是经济和子嗣，而现代婚姻动机的主流已从前两者进化到感情，则是不争的事实。回到我们的观察对象上，可以发现，务工青年婚恋资源不足、婚恋条件较差的现实，加上农村传统婚姻陋习的推动，共同造就了"闪婚"这一不合理婚姻现象在此类人群中的流行。然而，流行的却不代表先进的、优越的；相反，在物质生活水平不断提高、精神需求愈来愈旺盛的今天，只注重物质条件和传宗接代需求，对感情动机几乎不加考虑的"闪婚"，无疑是大大落后于时代了。

革命导师恩格斯（Friedrich Engels）早在 1884 年就指出，"只有以爱情为基础的婚姻才是合乎道德的，也只有继续保持爱情的婚姻才会合乎道德。"[①] 而在 130 多年后的今天，无论"闪婚"属于自愿还是被迫，都不符合爱情和责任相统一的婚姻观，也不符合我国社会主义精神文明建设的总要求。

第二节　农户家庭权力的性别转移与代际下沉

家庭权力是指家庭成员在家庭内部拥有的各种权力的统称。它主要包括对家庭财产的支配权，对家庭其他成员的控制权，对家庭各类事务的管理和决策权。家庭权力主要是通过家庭成员之间的关系（如父子关系、兄弟关系、夫妻关系等）以及各自在家庭中的地位体现出来的。这种权力会在社会行为规范（风俗、道德和法律）的引导下发挥作用，人们往往不易察觉它的存在，而是在日常生活过程中自然而然地认可着、使用着、接受着。[②] 如父亲安排女儿做家务活，妻子命令丈夫上交工资，弟弟请求哥哥帮他报仇，儿子儿媳商量决定到县城买房，都是很典型的实例。

既然家庭权力受到家庭关系和社会文化的制约，当家庭关系逐渐多元化，社会变迁步伐持续增大，家庭权力体系必然也会相应地出现各种形式上的改变。由于现代工商业文化对城市的影响要比农村大得多、直接得多，因此城市居民的家庭权力结构已在中华人民共和国成立后的 60 多年

---

① 中共中央马克思恩格斯列宁斯大林著作编译局. 马克思恩格斯选集（第 4 卷）［M］. 北京：人民出版社，2012：94.

② 亢林贵. 从父权到平权——中国家庭中权力变迁问题探讨［J］. 山西青年管理干部学院学报，2011（01）：91-94.

内发生了潜移默化的改变；与之不同的是，农村家庭的家庭权力结构直到改革开放以后，才开始伴随着城乡融合进程加速、家庭成员关系转型，而出现了明显的变化。

一、农户家庭权力结构变化的外在表现

传统农村家庭的权力结构是典型的父权集中制。核心家庭和主干家庭中的父亲、联合家庭中的父亲或祖父，掌握着家庭生产计划、家庭重大事务的最高决策权，同时对其他家庭成员拥有着绝对的权威。20 世纪 80 年代至今，由于农业生产力水平的提高和农业生产方式的工业化，导致包括农户家庭关系在内的农业生产关系亦随之产生了重大变革。具体到受家庭关系制约的家庭权力上，则有以下两方面的整体表现。

（一）夫妻间的性别平权及权力转移

中国传统社会的社会结构是将政权和族权结合在一起的宗法等级制度，并通过宗族家长制这一核心观念来突出君权、父权、夫权的统治地位。君、父、夫的角色，无疑都是由男子来承担的。无论放眼整个社会，还是着眼于一个个家庭，妇女的地位均相当低下。夫妻关系以"夫"为核心，妻子必须无条件服从丈夫的命令，即所谓"夫为妻纲"。在家庭权力的分配上，虽有"男主外女主内"的说法，但"内"无非都是茶饭针黹、生儿育女之类男子不屑于管或没有能力管的琐事；经济、文化、社会活动的大权牢牢掌握在丈夫的手中。

中华人民共和国的成立，从根本上废除了男尊女卑的婚姻家庭制度，为夫妻间的平等民主提供了广阔的社会基础。今天，夫妻平权已经成为家庭内部权力分配的正常表现。尽管夫权在重大事务决策方面仍略微强于妻

权，但在财产保管、家庭开支、休闲娱乐、个人消费等方面，妻子往往占据更高更主动的地位，拥有更多更具体的权力。正如一则民间笑话所描述的那样：

甲：老李，你家的事谁说了算？

乙：得分大事小事——大事我说了算，小事我老婆说了算。

甲：哟，你的地位可比我强多了！那哪些大事是你做的主啊？

乙：不瞒你说，结婚20多年，我们家还没发生过什么大事……

实事求是地说，与城市居民家庭相比，农村家庭夫妻间的性别平权以及权力转移进度要缓慢一些。这一方面由于农民受传统家庭观念的影响相对较深，另一方面在农业生产为主的村庄里，男子以其天然的体力优势承担了主要的家庭生计来源，理应扮演分量更重的权力角色。不过，在经过40多年改革开放后的今天，伴随着农民思想观念进步和生计来源的多元化，农户的妻权空间亦得到了相当大程度的扩展，虽然这很有可能属于"顺手牵羊"式的胜利①，但夫妻性别平权趋势增强、丈夫对妻子支配权减弱，在各地农村均已成为不争的事实。

（二）父子间的代际平权及权力下沉

首先需要指出一点，这里的"父子"并非特指"父亲与儿子"，而是泛指祖辈、父辈、子辈、孙辈等上下代际之间（自然也包括了母女、婆媳）的关系。

---

① 王金玲. 非农化与农村妇女家庭地位变迁的性别考察——以浙江省为例［J］. 浙江社会科学，1997（02）：90－95.

旧时的男性长者是家庭决策层的核心，几乎拥有管理家庭一切事务的权力。只要是他做出的决定，其他家庭成员都必须认真执行。这种强制性和至高无上的特征，几乎令父权变成了家庭内部的"法律"。母亲的权力虽不及父亲，然而对子女来说仍然是不可侵犯的。因为"身体发肤，受之父母"，子女甚至可以被当作父母的私有财产，被任意买卖或赠送。"父为子纲"与"夫为妻纲"共同构成了封建家庭内部的两大规范性纲领。

在现代工商业文明取代传统农业文明的过程中，家庭的生产、教育功能逐渐被企业、学校等次级社会组织所取代。联合家庭亦同步转变为规模越来越小的主干家庭、核心家庭，父辈慢慢丧失了对子辈的绝对权威和支配权。不论城市抑或农村，在家庭一般事务处理和重大问题决策上，子代的意见开始受到更多的重视，而父母在家庭权力体系中的位置则相应下降。特别是在农村，当父母老去，已经没有更多的力气继续干农活，也没有城市老年人的退休金或养老金，一切只能依靠儿女。他们在家庭内部的话语权，伴随着经济来源的丧失，被一并剥夺了。与此同时，传统代际关系的"反馈模式"出现严重失衡，作为祖辈和父辈的农村老年人社会地位不断下降[①]，以至于大量农村青年对"啃老"现象心安理得、习以为常。这种子辈对父辈的单向剥削和父辈对子辈的无偿付出，充分证明了一点：农村家庭权力的天平，已经从以父辈为重到逐渐平衡，再到向子辈大幅度倾斜了。

---

① 阎云翔. 私人生活的变革：一个中国村庄里的爱情、家庭与亲密关系（1949-1999）[M]. 上海：上海书店出版社，2006：181-209.

二、农户家庭权力结构变化的内在原因

如果把传统农业社会的家庭权力结构看作一副骨架，那么它是这样搭建起来的：横向权力以夫权为核心，妻子在各方面都依附于丈夫；纵向权力以父权为核心，父亲拥有绝对的权威。[①] 横纵两个方向的十字交叉点，便是兼丈夫和父亲角色于一身的农户男性家长。而目前农村家庭的权力结构已经发生了很大变化，表现在横向权力在男女平等的基础上向女性转移，纵向权力在长幼平等的基础上向晚辈下沉。导致横纵两个方向家庭权力变动的内在原因，可以从以下若干个维度进行分析。

（一）婚姻动机的改变[②]

旧时婚姻的动机主要是为了经济和子嗣。从前者（经济）的角度看，在传统村庄自给自足的小农经济条件下，每家农户都是一个独立的生产单位，并因此产生了"男主外女主内"的自然分工模式。由于女性的体力普遍不及男性，在农业生产劳动过程中只能依附于男性，或者仅从事轻体力家务劳动，在经济基础上产生了"妻从夫权"的现实要求。从后者（子嗣）的角度看，男性迎娶女性很大程度是为了传宗接代，女性不过是一部生育机器，如果没能生出男孩甚至无法生育，丈夫完全可以"休妻"或"纳妾"。妻子为了获得丈夫的欢心（至少要防止被丈夫抛弃），自然而然将对方视为家庭权力的核心。而现代人更加注重婚姻的情感功能，缔结婚姻的动机已不再主要为了经济分工和生儿育女。家庭生活幸福与否，往往取决于双方感情的融洽程度。如果仍将女性视为男性的附属品，势必影响

[①] 李萍. 中国家庭权力现代嬗变的哲学考量［D］. 厦门：华侨大学，2009.

[②] 注：关于婚姻动机在不同时代的演化趋势，详见本章第一节第四部分。

到夫妻之间的感情，于是，妻子在家庭的地位不断提高。与此同时，城乡男女性别比例的严重失衡，也使得女性在婚姻市场的竞争力持续增强，从另一个侧面扩大了女性在家庭中的话语权。家庭权力中的很大一部分，自然而然从丈夫转移到了妻子身上。

（二）家庭功能的转移

在以农业为主的传统社会，家庭不仅是日常生活的场所，也是开展生产劳动和教育教化的基本单位。丈夫、妻子、子女（还可能包括联合家庭的其他成员）共同结合形成了一个整体性劳动教育组织。"男耕女织"和"子承父业"充分证明了家庭是建立在内部分工基础上的生产劳动与教育教化共同体。到了现代，家庭内部分工面临解体，社会化大分工成为主流。女性不再仅仅为了协助"男耕"而被禁锢在家中"女织"（从事家务劳动），开始享有和男性一样的接受教育、外出工作的权利；子女主要通过学校课堂和企业生产实践获得就业技能，也不再为了"承继父业"而必须从父亲身上学习劳动知识和生产经验。换言之，传统家庭的生产功能和教育功能，已逐渐被企业、学校等现代社会组织所取代，与这两大功能相匹配的夫权和父权，在家庭权力结构中的地位自然而然地降低了。

（三）制度规范的进化

传统家庭的男性家长之所以享有绝对权威，是以当时社会的风俗、道德、法律等一系列行为规范和制度准则为保障的。封建社会的皇权是家族政权，"家族制度，在过去就是中国的社会制度"。① 也就是说，国家建立在家族主义基础之上，皇帝便是这个大家族的家长，宗室成员代管大家族

---

① 冯友兰. 中国哲学简史［M］. 北京：北京大学出版社，1995：24.

（国家）的各项职能并向皇帝负责。反过来，如果把一个家庭看作缩小版的国家，那么男性家长自然就是这个微型"国家"的"皇帝"了。政治生活"君君臣臣"的森严等级与家庭生活"父父子子"的长幼尊卑是如此相似，令人一眼就能看出君主制与家长制的同构性。于是，家国同构被整个社会所认可，家庭式的权力系统渗透到了社会生活的方方面面。

中华人民共和国成立后，上至国家下至家庭，以等级服从为前提的封建家长制彻底失去了存在的根基，并被社会主义民主与法制所取代。《婚姻法》《教育法》《妇女权益保障法》《未成年人保护法》等一系列法律法规的制订、颁布与实施，宣告了旧式婚姻家庭制度的破产。从横的方向上看，传统的以继承为核心的男性专权家庭，转变为现代的以婚姻为核心的两性平权家庭。从纵的方向上看，代际关系开始变得平等化和民主化，加之计划生育政策的严格执行使人们生育观念发生改变，少生子女成为普遍现象，"子女优先"的思想左右着家庭的决策方向，晚辈的意见越来越受重视，家庭权力下沉的趋势也越来越明显。

（四）产业方向的调整

在传统社会里，农业是立国之本，是其他一切产业的主导。不可移动的土地在展示皇权覆盖范围的同时，也成为家庭和个人最重要的财产。只有在土地上精耕细作，才能生产出维持人们生命的粮食和壮大国家实力的赋税。众所周知，小农经济生产模式对劳动力的质量有着很高的要求，于是拥有最强劳动能力的丈夫和最丰富生产经验的父亲（两者往往是合二为一的）便承担起家庭农业生产活动的组织者和领导者角色，妻子只能作为次要劳动力配合丈夫对家庭生产的管理，子女则作为求知者从父母那里汲取劳动和生活经验。从这个角度上说，男性家长必然地、当仁不让地成为了家庭权力的核心。

与传统社会相比，第一产业虽然仍旧是国家命脉之所在，但其在国民经济中的比重却呈下降趋势，生产方式也有了很大变化。与之相比，二、三产业在增强综合国力、提高人民生活水平的作用越来越明显，地位也变得越来越重要。这时，商品经济得到快速发展，市场意识融入了人们的生活，它们对家庭权力体系的解构和重组意义开始明显地展示了出来。一方面，女性能够走出家门承担各种社会职业，凭借自己的劳动获得了不受男性支配的经济地位和社会地位。（例如改革开放后，大量农村女青年和男性青壮年一起离开村庄进入城市，在工业、商业、服务业等部门从事非农业劳动。）另一方面，农家子弟通过接受国民序列教育和劳动技能训练，找到了农业之外的谋生手段，拓展了自己和家庭的生存空间。而且与年长者相比，青年人拥有更强的学习能力，能够更快地掌握最新信息，这些都令他们对父辈的依赖逐渐减弱。

总体上看，以性别、年龄等天赋因素为标准的传统分工模式逐渐被以知识、技术、能力等自致因素为标准的现代分工模式所取代，妻子或子女分别拥有了摆脱丈夫或父亲控制的经济资本与社会资本。在市场经济稳步发展、社会分工不断细化、产业方向变动调整的进程中，一个个小家庭内部的夫权性别转移和父权代际下沉，就成为了历史的必然趋势。

三、家庭成员角色与家庭权力结构

在社会群体里，每个人都在扮演着多种不同的角色。例如，当我们面对上级、医生、老师、乘务员时，就会不断转换着自己作为下属、病人、学生、乘客等角色。家庭成员之间也不例外，一个男人在家中可能同时承担着父亲、儿子、丈夫、兄弟等多种家庭角色。家庭角色的多样性，导致了家庭关系的多样性，每一对家庭成员之间形成的两两关系纵横交错在一起，便构成了家庭权力的立体网状结构。[①] 或者说，家庭所有成员实际上共处于一个相互影响、相互控制、相互制约、相互带动的权力网络之中。

在这个权力网络里，每位家庭成员对整个家庭及其他家庭成员的影响力、控制力、约束力和带动力，又因家庭角色和身份的相对关系而呈现出不同的状态。拿我们前面做过的比喻来形容，传统家庭的立体网状权力结构就好像一副躯干：横的方向（性别上）以丈夫为核心，纵的方向（代际间）以父亲为核心。横纵两个方向的交叉点便是这副躯体的心脏——身兼丈夫和父亲角色于一身的男性家长。

不过，家庭成员间的相互影响、控制、带动的力量并非绝对的、一成不变的，整个家庭的权力结构也不是铁板一块。在性别、年龄、经济贡献等不同的维度上，每位家庭成员在家庭内部的影响力、控制力和带动力，既会因身份地位的不同产生大小强弱之差异，也会因社会的发展变迁产生多寡深浅的区别。从根源上看，家庭权力结构是由社会生产力水平决定，并随着生产方式和生产关系的变化而变化的。在传统社会里，第一产业占据了国民经济的统治地位，人力加畜力的低生产力水平、家庭化分工的小农生产方式、精耕细作的经验型管理手段，共同造就了父（夫）权至上的权力体系。当工业化带来了生产力的迅猛提升，社会分工的精细化创造出无数全新的职业和岗位，基础教育、职业教育为人们提供了走向社会前的知识储备与技能训练。社会制度及其衍生出的全新行为规范体系，又为人

[①] 王金玲. 家庭权力的性别格局：不平等还是多维度网状分布 [J]. 华中科技大学学报（社会科学版），2009，23（02）：62 – 68，81.

们的民主、平等创造了制度条件。这一切，都在撼动着父（夫）权制的基础。原本从属于男性的女性和依附于长辈的青年，拥有了摆脱夫权和父权的资本。家庭权力结构的平权化、下沉化趋势已成为主流。

尽管如此，我们仍必须承认，在任何一个家庭内部，决策与执行、命令与服从、控制与迁就，甚至压制与反抗，都始终客观地存在着。每位家庭成员都会要求其他成员做某件事或不做某件事，这是不以对方意志为转移的。因此除非一个人单独立户并独自过活，只要有两个或两个以上的家庭成员，就会出现权力分配和运用的问题。作为构成社会的基本单位，家庭内部权力结构的不断合理化，不仅有利于家庭日常事务的高效管理，也对每一位家庭成员的基本社会化和继续社会化，以及国民素质的整体提高具有非常重要的意义。

第三节 农民"上楼"与"代际挤压"

在中国传统意义上的联合大家庭里，家庭关系类型众多，结构复杂。随着家庭规模的小型化与核心化，城乡多数家庭的家庭关系，也同步趋向简单化与直接化。但无论家庭关系如何变迁，代际关系都是其中最重要的组成部分之一。代际关系平衡与否，在很大程度上决定了家庭成员能否和睦相处、家庭资源能否有效支配、家庭权力能否合理运用，并进而影响到整个社会的和谐与稳定。在传统农业社会逐渐消亡的过程中，农村家庭的代际关系经历了怎样的变化？将是本节讨论的重点。

一、从代际反馈到代际挤压

中西方文化在很多方面存在着显著的差异，代际关系也属于其中的一项。中国家庭的父母将子女抚养长大以后，子女反过来就会负责把失去劳动能力的父母养老送终，"乌鸦反哺""养老防老"的观念在中国人心目中是根深蒂固的；而西式家庭的父母虽同样有抚养未成年子女的责任，可子女长大成人后对老年父母却没有赡养的义务。前者，中西方并无本质差别，后者，中西方截然不同。如果用公式来表示，中国是"$F_1 \leftrightarrow F_2 \leftrightarrow F_3 \cdots$"，西方则是"$F_1 \rightarrow F_2 \rightarrow F_3 \cdots$"（"F"代表世代，"→"代表抚养，"←"代表赡养）。费孝通把中国家庭的代际关系总结为"反馈模式"（甲代抚养乙代，乙代赡养甲代；乙代抚养丙代，丙代赡养乙代，每一代都对上一代的养育报之以反馈），而把西方家庭的代际关系总结为"接力模式"（甲代抚养乙代，乙代抚养丙代，一代一代向下接力）。①

不难发现，中国家庭就是靠"反馈模式"实现了代际之间的均衡互惠，同时基本上解决了整个社会的养老问题。可是，近些年，一些地区的农村家庭代际反馈出现了明显的弱化倾向，长辈对晚辈在心血和物质方面付出很多，到老却未能从晚辈身上得到应有的回报。2010 年前后，贺雪峰教授在对河南汝南、河南信阳、广东番禺等地的农村进行调研时，总结出一个很著名的词汇——"代际剥削"。虽然贺本人始终没有对这个概念进行过系统的学术解释，但由于其字面意义简单明了，因此并不会妨碍人们对它的理解。

---

① 费孝通. 家庭结构变动中的老年赡养问题——再论中国家庭结构的变动 [J]. 北京大学学报（哲学社会科学版），1983（03）：7 – 16.

在贺雪峰的调查报告及国内其他学者的后续研究中提到：农村老年人把子女抚养长大以后，还得继续为他们的婚姻大事"操心"，如果没能为儿子盖好新房娶上媳妇，就不算完成人生任务。[①] 正因为看穿了父母的这种心思，未来的儿媳妇完全可以凭借着婚姻市场上的优势地位提高要价，甚至与儿子"合谋"起来"算计"父母，把房子、彩礼当成提前分割家庭财产的手段和代际之间财富转移的途径。[②] 结婚后，不管是否与父母分家（大多数是的），年轻夫妇的打工收入都不会交给父母；即使分了家，父母也得替他们承担买房的债务，至于看孩子做家务，就更不用提了。[③] 不仅如此，面对农村社会的经济分化、阶层分化和"面子"竞争，农村青年在居住地选择、小孩上学、人情往来上形成了严重的攀比情绪。当这种"虚胖"的生活方式大大超出自己的承受能力时，子女就会把它转嫁到父母身上，相当于让父母负担起子女的竞争压力。[④] 其中，阶层地位越处于底层的农户，父代介入子代阶层竞争的程度就越高，代际剥削相应也就越严重。更为触目惊心的是，如果老人失去了最后一丝剥削价值，他们对孩子最大的贡献便只剩下自杀。[⑤]

作为长期接受思想政治教育的社会主义中国公民，想必每位读者对

[①] 贺雪峰. 农村家庭代际关系的变迁——从"操心"说起 [J]. 古今农业, 2007 (04): 1－3.

[②] 王德福. 变色的嫁衣：作为代际剥削手段的彩礼——转型期农村彩礼习俗的性质嬗变研究 [J]. 湖北民族学院学报（哲学社会科学版）, 2014, 32 (02): 26－30.

[③] 贺雪峰. 中国农村的代际间"剥削"——基于河南洋河镇的调查 [N]. 中国社会科学报, 2011－08－02.

[④] 陈锋. 农村"代际剥削"的路径与机制 [J]. 华南农业大学学报（社会科学版）, 2014, 13 (02): 49－58.

[⑤] 杨华, 欧阳静. 阶层分化、代际剥削与农村老年人自杀——对近年中部地区农村老年人自杀现象的分析 [J]. 管理世界, 2013 (05): 47－63, 75.

"剥削"的理解主要来自学生时代对社会发展史和马克思"剩余价值"学说的学习。那么到底什么是剥削？马克思对"剥削"的使用有两层含义，一是把它视为阶级社会的基础、阶级对立的根源，即"社会上一部分人或集团凭借他们对生产资料的垄断，从而无偿地占有另一部分人或集团的剩余劳动甚至必要劳动"①；二是泛指利用地位优势、资源垄断、道德伪善等手段谋取潜在利益的行为，如权力寻租和分配不公等。尽管马克思对"剥削"一词的定位并不预设立场，但不管从哪层含义来看，它都是一个具有独特辩论力量的贬义词。②

"代际剥削"的确在一定程度上反映出当前农村家庭代际反馈模式遭到破坏的现实，也非常有助于引发人们对相关问题的思索和讨论。不过，"剥削"一词的贬损色彩过于强烈，很容易造成误解，给人一种农村家庭的代际关系已经恶化到极致的感觉（也许正因为如此，它才如此抓人眼球）。然而贺雪峰自己也承认，"代际剥削"并不一定代表代际关系紧张。同样是"代际剥削"，有些地方的老年人表现得愤愤不平，有些地方是无可奈何，还有些地方甚至是自觉自愿地被"剥削"。③ 事实上，父母替子女买房、付彩礼，或者其他形式的经济支援，大多属于家庭内部的财富馈赠，也可看作是子代对父代财产的"生前继承"。这类行为除了使财产所有权在代际之间实现转移外，更重要的作用是增进双方感情，维护家庭和谐。而且老百姓把自己的财产赠予家人时，也不习惯去搞什么仪式、立什么协议。两代人对财产控制权的交接，往往是在日常生活中以某种潜移默

---

① 许涤新. 政治经济学辞典（上）［M］. 北京：人民出版社，1980：118.
② 汤姆·博托莫尔. 马克思主义辞典［M］. 陈叔平，王谨，等，译. 郑州：河南人民出版社，1994：189.
③ 贺雪峰. 农民分化与代际剥削［N］. 长江日报，2012－05－12.

化、约定俗成的方式完成的。这样看来，如果把"代际剥削"作为一个特定的学术词汇，用来表示农村家庭代际之间因财产转移造成的关系紧张状况，并不十分妥当。

目前，农村家庭代际关系失衡的现状是：父母在完成将子女抚养成人的义务后，还得继续负担子女谈婚论嫁、购建房屋等方面的大宗开支；反过来，子女对父母不计得失的付出安之若素，认为他们这样做是理所应当的，还有一部分青壮年子女明明有赡养能力，却不愿意较好地尽到赡养义务。本应在父子之间合理配置、双向流动的代际资源，在一些家庭只剩下从父到子的单向下行流动。直观地看，中国家庭的"代际反馈"模式似乎有向西方家庭"代际接力"模式靠拢的迹象，而且在某些方面比后者更加"过分"（父母在子女成年后仍需负担沉重的"输血"压力）。进一步分析，这其实又体现在作为长辈的老年人的生存空间、经济空间和家庭权力空间被作为晚辈的青壮年不断挤占、压缩、蚕食，从而变得越来越狭窄。说到这里，我们就可以据此提出一个新的概念——"代际挤压"，用来描述和解释农村家庭的代际关系从过去相对平衡变成现在明显失衡的社会现象。

二、代际挤压是如何形成的

农村家庭的代际挤压是与农村社会生活的变迁紧密联系在一起的。具体来看，家庭规模小型化、家庭生计多元化和家庭权力下沉化是形成代际挤压的共同机制。

（一）家庭规模小型化

20世纪70年代末开始执行的计划生育政策对农村家庭的影响虽不像

对城市家庭那么巨大，但随着近 40 年时间的强力执行，"少生孩子"的观念也早已浸淫到农民的脑海中了。20 世纪 90 年代以后组建的农村家庭，已经很少会生养两个以上的孩子。等到孩子长大后，女儿自不必说，儿子一结婚就和父母分家另过成为非常普遍的事，即便独子也是如此。① 从子代的立场出发，因为一结婚就意味着子代家庭能够从父代家庭独立出来，小夫妻当然非常希望借此机会提前分割父母的财产，从而为新成立的小家庭快速完成物质资本的"原始积累"。再从父代的角度看，儿女数量变少，父母给孩子成家的任务就显得不那么多、不那么重，于是就可以把家庭的大部分资源集中在一两个孩子身上，从而把这件人生大事尽力办好。由此不难发现，农村家庭结构核心化、规模小型化所带来的一个结果是，在子代愿打、父代愿挨的双方心理联合作用下，农村老年人的经济空间从准备给儿子娶媳妇那一刻起，就开始面临被大幅度挤压的命运了。

（二）家庭生计多元化

过去农户的生计空间局限在农业生产上，除了铁匠、木匠、泥水匠之类的手艺人或个别头脑灵活会做小买卖的精明人，种地是农民养活自己和全家老小的主要甚至唯一途径，也是交纳"皇粮国税"的根本来源。财富得靠家里有几亩地、几石粮来体现。兄弟分家时最看重的是自己能分多少地、分到哪块地。由于土地既不会流动，也无法带走，具体分割时必须估算地块边角的面积，还需要考虑灌溉方不方便、牲口能不能进去等一系列问题。更关键的是，成块连片土地的生产效率要远高于同一地块的零星散碎土地。耕地细碎化导致的"2 - 1 < 1"负面作用，将对家庭生计产生不

---

① 贺雪峰. 农村家庭代际关系的变动及其影响［J］. 江海学刊，2008（04）：108 - 113，239.

利影响。这样一来，子代提前分割父代的财产既不那么方便，也没有太强的动力。

从 20 世纪 80 年代末兴起的进城务工潮，大大削弱了农民的乡土性，农业生产不再是家庭生计的主流，除了少数中老年农民仍坚守着一亩三分地，青壮年农民大多选择外出打工，从事比种田收益更高的行当，形成了以代际分工为基础的"半工半耕"生计模式。晚辈做工是为了挣到更多的活钱，长辈务农则能够降低全家的生活成本；也可以说，"半工"相当于"开源"，"半耕"等同于"节流"。"工"与"耕"孰重孰轻，一目了然。仅从经济角度看，在"半工半耕"或"以工为主、以耕为辅"的多元生计模式下，子代对家庭的贡献已经超过了父代对家庭的贡献，子代就有更多的权利参与家庭财富的处置和分配。此外，生计多元化还带来另一个后果：流动性最强的现金在农户财富中所占的比例不断增加，而流动性极差的土地资产的重要性不断下降。现金的强流动性在客观上助推了子代分割父代财产的行为，因为分钱比分地可要容易得多了。

（三）家庭权力下沉化

上一节曾经提到，农村家庭的权力分布方向在代际平权的基础上不断下沉。这固然与老年人精力和体力都在走下坡路，与年轻人相比属于弱势群体有一定关系，但更多的原因则来自家庭功能转移、制度规范进化以及全社会产业结构的调整。

以农为本的时代，老年人拥有很高的社会地位和家庭地位。精耕细作一辈子的老年人都懂得通过节令更替、气象物候决定耕作流程，提前判断全年的大概收成，在土壤、种子、肥料、农具、牲畜的使用上，也比年轻人熟练得多。作为养家糊口的主力军和储备知识的活教材，长辈自然而然控制着家庭权力的中枢，对晚辈形成了压倒性权威。当农业不再是国民经济的支柱产业，家庭的技术培训和职业传承功能又被学校和企业所取代，青壮年在知识学习、信息获取、就业选择、财富积累等方面的能力都大大超过了种地经验丰富的老年人。农村家庭内部的权力天平，便自然而然地从老年一方向青壮年一方大幅倾斜了。

不过，农村家庭权力的下沉也许并不是造成代际挤压的直接诱因。真正击中问题实质的是，作为每个家庭的中坚力量，青壮年们对内承担着"上有老下有小"的巨大压力，对外经历着同龄人之间愈来愈严重的经济分化及其所衍生出的社会性"面子"竞争。由于人际资源匮乏、经济实力有限，为了尽量不使自己沦陷于村庄的底层，非但不会尽其所能"反馈"父母，反而还得依靠透支父母大半生的积蓄来撑场面。老年人家庭地位的下降和家庭权力的代际下沉，只是给这种行为制造出自我宽恕的理由罢了。

三、农民"上楼"后的代际挤压

从实地调查的情况来看，农村家庭普遍存在着代际挤压的现象，而且越是资源禀赋差、经济实力弱，从而处于村庄底层的农户，青壮年子女对中老年父母的挤压越严重。这一事实性结论，与其他学者的类似研究成果基本吻合。[①] 而农村家庭日常生活场景中的代际挤压，遇到诸如村庄拆迁、"进城上楼"之类非常规事件时，往往又会产生新的反应。

---

① 注：越处于村庄底层的农户，代际矛盾越突出。这一观点，可参见杨华、欧阳静所撰《阶层分化、代际剥削与农村老年人自杀——对近年中部地区农村老年人自杀现象的分析》一文（载自《管理世界》2013 年第 5 期）。

农户的居住形态从村庄平房院落转向城市高层住宅，不仅仅表现为物理空间的迁移和重构，更是一个涉及经济利益调整、生存环境改变、传统社交弱化的整体变化过程。在这一过程中，因为拥有信息获取、文化适应、就业条件等方面的优势，农村青壮年的社会空间得到了扩展，而农村老年人的社会空间则被进一步挤压。由于包括代际关系在内的所有家庭成员之间的关系都是在特定的居住空间中产生的，那么代际关系必定会随着生活起居空间的变化而发生相应的改变。可以说，农村青壮年"进城上楼"后得到扩展的空间，恰恰是农村老年人被同步挤压掉的空间。

（一）权力空间挤压

不管在哪个村庄，为儿子盖新房、娶媳妇都是中老年父母一项至关重要的人生任务（其实生活在城市里的中老年父母也一样）。长子结婚往往标志着原生家庭的第一次分裂，并由新婚夫妇（以及他们未来的孩子）组成一个新的家庭；次子结婚，同样如此；哪怕家中只有独子，情况也不例外。当全部儿女的婚姻大事办完以后，便会形成父母居于老宅、儿子住在新屋的局面。这种代际及代内多个核心家庭的建立与并存，为每一户小家庭创造了独立的生活起居空间和矛盾缓冲地带，十分有助于减少父母子女间或兄弟姊娌间因生活琐事导致的冲突。如果父母身体条件不错，还能正常下地劳动，养活得了自己，就可以在老夫老妻、老朋友、老邻居面前保持过去的面子和尊严，跟晚辈说话也比较有底气；一旦失去劳动能力，就只能靠子女们赡养。不过，即使到这一阶段，由于早年分家形成的家庭边界依旧存在，熟悉的生活场景也没有变化，老人们在自己的一亩三分地里还拥有相当的话语权。

可是，村庄拆迁和"进城上楼"，会令这一切都变得不同。

据我们在山西省 S 县一些待拆迁或已拆迁村庄了解到的情况，老年人对拆迁普遍抱有强烈的抵触和反对态度，但为了照顾年轻人的情绪，满足他们进城务工和在城市定居娶媳妇的需求，最终只能违心地同意搬迁。老年人对年轻人的这种迁就，却在无形中帮助后者进一步挤压了前者在家庭范围内的权力空间。这是因为，尽管儿子结婚后都会与父母分家另过，按照规定允许各自申报一套安置房，但是在扣除财政补贴部分和旧房评估价之后，每套安置房仍需缴纳数万元至十数万元的个人配套款。这笔钱在家境尚可的村民眼中也许不算什么，但仍然是经济条件较差的农户可望而不可及的。特别是子女众多的老年父母，为了给所有儿子完成娶亲任务，已耗尽了毕生积蓄，留给自己居住的老房子早已破旧不堪，根本评估不了几个价，让他们再掏几万元甚至十几万元的购房款，简直不啻天方夜谭，于是不得不与一个儿子同住，或者由多个儿子"轮养"。"进城上楼"对这部分老年人来说，相当于失去了自己的独立起居空间，从一家之主变成依附于儿子家庭的"编外"成员了。也就是说，"进城上楼"很可能意味着因儿子婚事分而形成的两个或两个以上的核心家庭，重新合并为一个或多个主干家庭。与传统主干家庭不同的是，这类新型主干家庭的权威人物并不是老年父母，而是正值青壮年的儿子和儿媳。"寄居"在儿子家中的父母只能小心翼翼地看他们的脸色行事，完全失去了家庭主要事务的管理权和决策权。

(二) 经济空间挤压

农村居民不像城镇居民那样，享受着完善的社会保障与福利待遇，不过，农民拥有着市民不可能拥有的一项重要福利——土地承包经营权。尽管种地已不再是多数农村家庭的主要经济来源和谋生手段，但土地仍然承担着农民基本生活保障"压舱石"的作用。不仅如此,土地还顶住了劳动力市场对农村老年人的侵蚀,构筑起对老年劳动力的保护机制,成为他们最后的劳动空间与生存底线。①在土地上坚持劳作的中老年农民,正是通过这种自然形成的"代际分工",既为外出务工的子女提供了退路和成为后盾,也为留守村庄的自己赢得了体面和尊严。然而,村庄的拆迁很快将这条唯一的退路与仅存的体面击碎了。

无论是响应政府的城乡建设用地"增减挂钩"政策,还是出于扶贫、避灾等目的开展生态移民,抑或仅仅是为了改善居住条件由村委会组织村民自发式"上楼",以上这些村庄拆迁或搬迁的行动,无一例外将对农业生产和农民生活产生直接且巨大的影响。表面上,农民仍然拥有原来耕地的承包经营权,可是像市民那样集中到单元楼房里居住,马上就会遇到耕作半径过长、农具无处堆放、作物无法晾晒等一系列难以解决的现实问题。营务了几十年庄稼的老人们,即使再有继续种地之心,也无继续种地之力了。虽然城市劳动力市场远比乡村发达,但由于在年龄、体力、受教育水平、职业技能训练等方面均处于劣势,农村老年人即使搬迁到城市或城镇定居,也很难在当地找到合适的工作岗位。至此,农村老年人(特别是那些家境一般、主要靠务农为生的农村老年人)从尚有劳动能力的生产者变成纯粹的消费者,本就微薄的种地收入也一并化为乌有,经济空间压缩到接近于零的地步。与之相对应,农村青壮年的经济空间却得到了拓展——一方面,种地在他们眼中本来就是一件可有可无的事,每亩地的全年净产出甚至比不上打半个月工的收入(这还不算种地耗费的大量精力);

---

① 贺雪峰. 城市化的中国道路 [M]. 北京:东方出版社,2014:46.

另一方面，进城"上楼"有助于增加他们在城市的就业机会，降低他们在城市务工必须考虑的通勤距离、租房压力等综合成本。故而从这个角度上看，村庄拆迁和农民"上楼"后青壮年得以扩展的经济空间，正是以老年人的经济空间被挤占、被压缩为代价的。

（三）生存空间挤压

我国农村宅基地制度框架的基本特征是"集体所有、成员使用，一户一宅、限定面积，无偿取得、长期占有，规划管控、内部流转"。① 村集体成员权是宅基地使用权的前提，那些从本村出去但已不再拥有村集体身份的人（如通过上学、参军、公考等渠道在城市落户就业的原本村村民），也一律没有资格申请宅基地使用权，更不用说其他外部人员了。一个村庄内所有农户的居住格局（仅指格局而言，不包括建筑材料、房屋建造、装饰装修的价格档次等因素）呈现整体均质性，与经济实力没有直接的关系。可见，农村宅基地和自建房具有很强的福利属性和社会属性，不可能进入市场参与交易。② 而村庄拆迁不仅打破了原有的空间格局，也使农民住房的属性从福利性、社会性转向了商品性。农民要想获得搬迁安置房，一要永久放弃农村宅基地的使用权，二要补足新房余款。前者使居住权与村集体身份脱钩，后者令居住权与经济实力挂钩。尽管有政府补贴兜底，也能用旧房评估价折抵部分房款，但对为给儿子娶亲已几乎耗尽毕生积蓄的中老年人来说，仍然是一笔巨额开支。况且，分家另过的儿子们也不富裕，在支付完自己小家庭的购房款后，根本没有多余的钱支援父母。于

---

① 中央农办主任、农业农村部部长韩长赋谈中国农村土地制度改革 [EB/OL]. 中华人民共和国农业农村部官网，2018 - 12 - 29.

② 雷望红. 空间排斥视角下农村老年人地位边缘化研究——基于山东J村撤村并居实践的考察 [J]. 华中农业大学学报（社会科学版），2017（02）：90 - 96，134.

是，那些家境较差的中老年农民，很容易成为村庄搬迁的"钉子户"，如果最终因形势所迫不得不"上楼"，就只能和儿子儿媳共同居住在一起了。从这个意义上讲，"上楼"对因儿子结婚导致的农户多核心家庭的形成机制，在客观上起到了一定的抑制性作用。

按照村庄生活的惯例，儿子结婚后分家（包括分房居住、分灶吃饭、分财另过）很大程度上正是为了尽量避免日常生活琐事造成的矛盾和冲突。除非生活不能自理，否则老年人一般不会与成婚后的儿女共居一室。然而，村庄拆迁和农民"上楼"却迫使部分老年人重新和儿女生活在一起（如果儿女众多，还可能出现父母分别在多个孩子家里"轮住""轮养"的现象），这就使得原本存在于代际家庭之间的矛盾缓冲区彻底消失了。再说，老年人"上楼"以后不再种地，完全失去了生计来源，对家庭也几乎没有任何经济贡献，从物质到精神都只能完全依赖晚辈。一方面，居住空间的压缩将原本"过不到一起"的两代人捏合在同一个屋檐下，代际之间因价值观念、生活习惯不同极易爆发各种矛盾；另一方面，即使真有什么矛盾，"寄居"在儿女家里的父母，既"不敢"也不能与儿女较真，形成了处处看孩子们脸色行事的可悲局面。村庄拆迁令老年人生存空间被进一步挤压的状况，由此可见一斑。

四、尾声：代际挤压的真实故事

2019 年 1 月末，以 S 县贾王村、三王村、八张沟为代表的"村庄撤并和农民生活变迁"系列田野调查工作告一段落之际，又传来该县西北部几个行政村也被纳入"土地塌陷村"整治范围，并即将展开整村搬迁和安置补偿工作的消息。于是，在返程途中，我们利用并不充裕的时间顺道走访了这几个地方。在西和村的村民活动广场，十几位老人七嘴八舌地诉说着对迁往县城"上楼"居住的担忧。从他们无可奈何的表情中，似乎可以看到贾王村、三王村搬迁之前老人们的影子。其中，给我们留下最深刻印象的是从两个老汉那里听来的真实故事。

故事一："郭坨村有我的一个远房亲戚，老（夫妻）俩都有60多（岁）啦，跟前只有一个孩子。① 这个孩子（出）生得迟，结婚也迟，30来岁才寻上个媳妇。人家这个媳妇可厉害，一张嘴就是18万彩礼，少一分都不行，还必须得在县城里买的有房。那会儿刚好赶上他们村拆迁，城里的房子倒是解决啦！可是刨去国家补贴款和旧房补偿款以后，个人不是还得缴一大块儿（配套款）？再加上装修、买家具、彩礼，一下就老俩的家底儿给折腾光啦！孩子结婚以后，老俩就跟着孩子一起（在县城）住，就手②看着点孙子。去年过罢（八月）十五以后，老头子回村里收玉茭，就留老婆儿一个人在（孩子）家。那天早上，老婆儿起床以后急得上厕所，谁知道儿媳妇霸住个卫生间，锁住个门儿，在里面又描眉又画眼。老婆儿叫了半天，儿媳妇就是不出来，也不给开门。后来直直等了一个来小时，老婆儿实在憋不住，就给尿裤子里啦！老头子听说以后气得不行，可是又不敢直接骂儿媳妇，就打电话教训孩了，'你也不管管你媳妇！清早化个妆就这么费事？还是她故意嘞？就能生生地把你妈憋得尿了裤子！那是你妈，你当那是什么人？你们要是这么不把你爸你妈当人看，你爸你妈就回村里面，再也不上你家门行不行？'老头子说的是气话，村里的老房子倒的倒，塌的塌，没倒没塌也都成危房啦，怎么住人？可是你想吧，这

---

① 注：此处指儿子，下同。
② 注："就手"，当地方言，指"就便""顺便"之意。

老俩在村里还种的有地，能顾住①自己吃（饭），就这（样）还得受儿媳妇的气。等我们村拆迁以后，新房子离村里这么老远，根本没法儿回来种地，老人们可就连自己吃（饭）都顾不住了。到时候什么都得靠孩子，不定得多憋屈嘞！要是再摊上一个不懂礼的儿媳妇，还有没有老人们的活路？"

故事二："你们在贾王村的时候，有没有听说玉生家因为拆迁款吵架的事？估计人家嫌败兴，不愿意跟外人说。玉生爹妈总共生了两男两女，玉生是他家老大，他最小的妹妹就嫁到我村了。我们都是从她那儿听来的（这件事）。玉生他爸早就不在了，留下玉生妈和一个老奶奶。一开始，老奶奶跟着老大（玉生）过，他妈跟着老二过。结果他妈在老二家住了没几年，儿媳妇就嫌她了，给她把火炉也兜②了，锅也摔了，硬撵硬逼（她走）。她没呐办法，只好上老大家去了。老大媳妇心好，就把老奶奶和婆婆一块儿养起来了，一直养了八年。这不去年嚷嚷着要搬迁哩？大队定的是，一家三代五口人以上，可以立两个户，每户都允许报一套房；还规定，老人跟谁过，将来（老人的）房子就归谁。玉生家算上那俩老的，统共六口人，达住规定了，玉生妈和老奶奶就单独立了一个户。老二媳妇就住③就不干啦，到玉生家吵，'老大是亲孩子，老二也是亲孩子！国家给（老人那套房子）补贴的十万零八也有我家一半，你给我五万，房子就归你！'老大媳妇肯定不同意，'我养活了俩老人八年呀！你们从来也不来看一次，一分钱（赡养费）也没呐出过，现在分房子有利啦，你又站出来说

---

①　注：在当地方言中，"顾住"表示刚好能达到某个标准，或能满足某种需求；下文的"顾不住"则是指连起码的标准都达不到，连基本的需求都满足不了。

②　注："兜"，在当地方言用中可以用来表示推倒、掀翻。

③　注："就住"，当地方言，表示"借着……的机会"，同时也有"立刻""马上"之意。

你家也是亲孩子？'关键是玉生妈护着老二嘞，偏心，非要让老大掏五万块给老二。这一下，老大媳妇也火啦，说，'房也是你的，甚也是你的权利。你要是想给老二，就去跟老二过。你轻易①走吧，我以前养活你的那八年就养活啦，可是以后我总不和你混到一起再圪搅②啦！'玉生妈也知道老大养活她八年不容易，愿意把房子给老大，可是又不想看着老二什么也落不下；让老大往出拿这五万块钱吧，老大媳妇又死活不同意；要是干脆以后跟老二过，又怕受老二媳妇的罪。左右为难，哭天喊地要寻短见，幸亏被人拽住啦……现在玉生妈让她大闺女接到家里暂时住一段时间，等过罢年搬迁的时候，还不知道要咋样嘞！"

农村老年人在把儿女拉扯成人后，还要负担起给儿子买新房、娶媳妇的重任，在房价高企不下、婚恋成本日益上涨的今天，一个儿子结婚就可能消耗掉一对老年夫妇毕生的积蓄，如果有两三个适龄儿子陆续结婚，父母所面临的窘境，实在难以想象。类似这样的家庭财产在父代与子代之间的大幅度转移，其实就相当于青壮年子女对中老年父母经济空间的"代际挤压"。不过，只要老年人在村庄拥有房屋和土地，基本能够自食其力，在儿女面前说话就有"底气"；而且，他们的生活起居以自己的老屋、场院和田间地头为中心，一般不需要和儿子儿媳正面接触，当然有助于减少因日常琐事引发的口角纷争。然而，搬迁抢走了老年人的做主"地盘"，进城增大了老年人的生存压力，"上楼"压缩了老年人的起居空间。可以说，村庄搬迁"上楼"的过程，就是进一步加剧农村老年人弱势地位的过程，就是青壮年人在挤压中老年人经济空间的基础上进一步挤压其生存空

① 注："轻易"，在当地方言中可以用来表示赶紧的、麻溜儿的。
② 注："圪搅"，当地方言，"搅和在一起"之意。

间和权利空间的过程。

不过，尽管多数农村老年人明知"进城上楼"的后果，但他们却很能体谅和理解儿女"挤压"自己的做法，只要儿女不要太过分，父母便会心甘情愿地接受各种"挤压"。在离开村庄没有了务农收入，经济上的"挤压"失去意义以后，他们又主动承担起照顾孙辈的重任，用有限的精力继续为儿女的小家庭发挥着自己的"余热"。在老人们看来，孩子都是亲孩子，自己当初的辛苦和努力，本来就是为了能让孩子们过得更好一点；再说，人一老，就赶不上时代了，外面的事情好多都不懂，没法帮孩子们在大事上拿主意，那就在小事上帮帮他们，这样他们多少也能轻省一些。在年轻人看来，爹妈都是亲爹妈，爹妈在经济上支持孩子、在家庭权力上让位于孩子，本来就是该当的；再说，自己对父母的挤压，也不全是为了小家庭夫妻两人的享受，他们也要为自己儿女的将来积攒家业——换言之，青壮年人之所以对"挤压"老年父母的行为心安理得，是因为他们也做好了将来被自己儿女"挤压"的准备。

从这个意义上讲，目前中国农村的代际关系，既不属于西方的"代际接力"，也已不同于传统的"代际反馈"，而是呈现一种接力式反向"代际挤压"的新型模式了。

第五章

集体经济支持下的村庄聚落重建

20世纪90年代，随着改革的深入，乡村社会空间呈现出进一步分散和多样化的特征，农村的生产生计空间、生活起居空间、社交人际空间均出现了明显的重构与转变，农民的交易空间、就业空间、婚姻空间也不断向深层递进和向外部扩大。

新世纪伊始，随着中央"城乡统筹发展"战略的制定，城镇化的速度大大加快，更多数量的农民纷纷离开乡村和土地，许多村庄开始出现"空心化"趋势。

2008年，国土资源部出台了城乡建设用地增减挂钩政策，地方政府为获得更多的城市建设用地指标，开始不遗余力地推动农民上楼集中居住方案，以节余出宅基地复垦为耕地，再将新增建设用地指标转换到城市周边区域，从而扩大城市建设规模。于是，一场大规模的"撤村并居"和"农民上楼"运动在全国范围内推行开来。①

一方面，大量青壮年农民进城务工，令传统乡村变得荒芜凋敝；另一方面，行政力量推动着不愿离开村庄的农民"被城镇化"。在这一拉一推两大力量的共同作用下，"村庄的终结"的故事在中国大地上每天都在发

① 周飞舟，王绍琛．农民上楼与资本下乡：城镇化的社会学研究［J］．中国社会科学，2015（01）：66-83，203.

生着。据统计，在过去的 20 年时间里，我国的行政村数量以惊人的速度逐年减少（见表 5.1）：村委会数量从 1998 年的 83.3 万个锐减至 2017 年的 55.4 万个，共减少 27.9 万个，平均每年减少 1.4 万个，平均每天减少 38 个。不难推测，自然村的减少情况定然更为严重。

表 5.1 1998 - 2017 年村委会和居委会数量变化表　　　　单位：万个

年份	1998	1999	2000	2001	2002	2003	2004	2005	2006	2007
居委会	11.9	11.5	10.8	9.2	8.5	7.7	7.8	8	8.1	8.2
村委会	83.3	80.1	73.2	70	68.1	66.3	64.4	62.9	62.4	61.3
年份	2008	2009	2010	2011	2012	2013	2014	2015	2016	2017
居委会	8.3	8.5	8.7	8.9	9.1	9.5	9.7	10	10.3	10.6
村委会	60.4	59.9	59.5	59	58.8	58.9	58.5	58.1	55.9	55.4

数据来源：中华人民共和国民政部，2017。

这些村庄的消失方式主要有三种：一是村改居，即将村委会变成居委会，原来的村民身份变为市民身份，多见于城中村改造；二是整村搬迁，原村民安置到城市、城镇小区或其他集中居住区；三是中心村兼并，将多个行政村或自然村撤销后，合并为一个大行政村。① 本书的前两章曾对村庄的撤并类型和撤并方式进行了细致的描述，并按照不同的标准进行了更多类型的划分。但不论如何分类，以上村庄的迁并缘由或者是地方政府为追求"土地财政"，强力推行"撤村并居"；或者是为了躲避自然和人为灾害，由地方政府主导整村农民进城"上楼"；再或者是为修建公路、铁

---

① 王春光. 城市化中的"撤并村庄"与行政社会的实践逻辑 [J]. 社会学研究，2013，28 (03)：15 - 28，241 - 242.

路、桥梁、水坝等公共基础工程而征用土地——换言之，撤并都不是农民主动而为的，均属政府行使行政手段的结果。

然而，现实生活中还存在着一种很少被学界关注的村庄撤并聚居方式：同属一个行政村的几个自然村，共同拥有较为发达的集体经济，为了改变落后的生产生活条件，由村支"两委"牵头带领，在原村庄附近选定一处地形、水文适宜集中居住的区域，并在此区域开展新型农村社区的规划、整治、建设工作；建设工作完成以后，全体村民整体搬迁至新社区集中居住。这种农村基层政权组织下的群众自发性撤并聚居行为，既改善了传统农村的人居环境，也不会引发类似政府力推的农民"被上楼"带来的社会矛盾和问题。

本章将以山西省长治市上党区①的一个村庄为例，展示农民自发性"撤庄并村"②的行动逻辑、传统村庄聚落重建前后的治理状况，及其为推进乡村振兴战略起到的试验意义和价值。

---

① 注：长治市上党区原名长治县。2018 年 11 月，国务院批复同意长治市部分行政区划调整，撤销长治县，设立长治市上党区。文中表述以该时点为界，之前使用"长治县"旧称，之后改称"上党区"。

② 注："撤庄并村"不是一个严格的政策用词或学术术语，多见于晋冀豫等地方政府政务类文本或媒体报道，用来描述小型自然村合并至较大的中心村的做法。另，按照北方民间的一种非正式说法，村和庄的区别可以看有没有庙，有庙的称为"村"，没有庙的称为"庄"；从这个意义上说，"村"的级别应比"庄"略大一些。

第一节 村庄概况与集体经济基础

东掌村①，位于山西省长治市上党区东南部，是上党区南宋乡的一个行政村。全村总面积4.2平方公里，由六个自然村组成，共有居民310户，人口1388人，集体发包耕地总面积769亩②，换算下来，户均承包耕地面积不到2.5亩。受此条件限制，从事农业生产不可能成为村民们的主要生计模式。事实上，东掌村地下蕴藏着丰富的煤炭资源，原始的手工采煤历史相当久远。1971年，东掌大队在条件极其简陋的情况建成了全县为数不多的村办煤矿，集体经济因此得到了长足发展。1984年后，由于煤炭价格低迷、经营管理不善，煤矿连续11年亏损。1994年和2001年，东掌村委分别将煤矿的两个坑口向外承包。2004年，承包合同全部到期，村支"两委"研究决定，将煤矿的整体经营权收归村集体，并进行技术升级改造。煤矿收归集体经营后的第二年（2005年），煤炭产量为9.7万吨，实现销售收入2382万元，上缴各项税金345万元。2009年，在山西省煤炭资源整合重组浪潮中，东掌煤矿整合兼并了周边乡镇的三所煤矿，组建成立了山西长治羊头岭东掌煤业有限公司③，村办集体企业正式转制升格为地方国有控股企业，其中东掌村委控股29%，基本股权结构如图5.1所示。转

---

① 注：依照学术惯例，书中出现的地名均应为化名，然而本章主要在于讨论集体经济对村庄聚落重建所起的正面支持作用及前瞻意义，且经过了村支"两委"主要负责人的许可，故以实际名称出现。

② 注：村庄的人口及耕地数据截至2017年末。

③ 详见山西省煤矿企业兼并重组整合工作领导组办公室文件《关于长治市长治县煤矿企业兼并重组整合方案的批复》（晋煤重组办发〔2009〕37号文）。

制升格后的第二年（2010 年），东掌煤业全年煤炭产量达 62 万吨，实现销售收入 4 亿元，上缴各项税金首次突破 1 亿元。（见图 5.2）

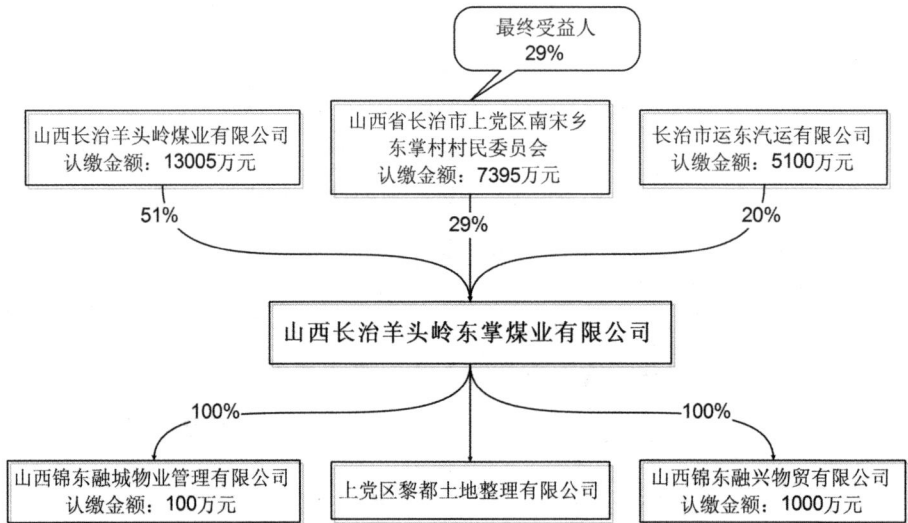

```
                        ┌─────────────┐
                        │  最终受益人   │
                        │    29%      │
                        └─────────────┘
```

山西长治羊头岭煤业有限公司 认缴金额：13005万元	山西省长治市上党区南宋乡东掌村村民委员会 认缴金额：7395万元	长治市运东汽运有限公司 认缴金额：5100万元
51%	29%	20%

山西长治羊头岭东掌煤业有限公司

100%		100%
山西锦东融城物业管理有限公司 认缴金额：100万元	上党区黎都土地整理有限公司	山西锦东融兴物贸有限公司 认缴金额：1000万元

图 5.1　东掌煤业基本股权结构

自 2004 年东掌煤矿收归集体后，随着煤炭生产经营及煤炭相关产业的不断发展壮大，集体经济实力稳步增长，全村青壮年劳动力全部得到转移，实现了"离土不离乡"式的就地、就近就业。此外，符合集体经济组织成员身份的全体村民①，均自动持有份额不等的集体成员股（其中，多数成员曾于 2005 年通过村委会向东掌煤矿分别投资 1 万元，从而还持有原始投资股），共同享有东掌村股份经济联合社的股利分红权和福利分配权。

---

①　注：关于该村集体经济组织成员身份的获得条件，详见本章附录 1《长治县南宋乡东掌村集体经济组织成员确认办法》，2018 年 5 月 25 日定稿。

第二节 "撤庄并村"的大行动

东掌村地处大山深处。2006 年以前，村民们七零八落地居住西东掌、西沟、毕家、李家、老窑上、沙沟六个自然村内，其中西沟为东掌村的中心村，自古村政皆设于此，至今仍不例外。自然村之间几乎没什么分界线，街道、院落勾连在一起，同一院里的邻居甚至可能属于不同的自然村，外人根本无法辨别。在东掌村内部，自古便流传着一句民谣，所谓："出去东掌皆东掌，进了东掌无东掌。"意即只要走出东掌村，不论自家属于哪个自然村，一律对外统称东掌人；回到东掌村的地界后，又只按各自居住的自然村报家门，似乎东掌已不复存在。正是这种无明显地理分界线的交错地形和对外统一的归属意识，使得村民们对"东掌"这个社区共同体拥有高度的心理认同感和身份归属感，也为随后的"撤庄并村"和聚落重建打下了良好的群众基础。

早在 20 世纪五六十年代，东掌村就曾多次计划将几个自然村归拢在一起，建成一个整齐划一、资源共享的新村，但由于受经济条件制约，一直无法实现。改革开放后，村民的生活水平有了较大程度提高，纷纷开始拆旧房盖新房，向村委会申请批地盖房也日益增多，加上"退耕还林"政策的实施及修建公路占用，使得原本就不富裕的土地资源更加捉襟见肘。2003 年，东掌村"两委"面对人多地少的严峻现实，明确提出了"建设一个新东掌"的目标。其后，借着收归煤矿经营权、集体经济实力大大增强的契机，村支"两委"在集体讨论、组织外出学习考察的基础上，立足本村实际，拟定了"撤庄并村、资源置换"的总构想，经村民代表大会表决，最终通过了东掌村整体搬迁的新村建设方案。

从 2005 年一期工程奠基到 2006 年新村建设工程全面铺开，再到 2011 年东掌村民全部搬进新居，东掌村以煤矿旧址为中心位置，共建成别墅式住宅 214 套、单元楼式住宅 5 栋 120 套，并配套建设了高标准社区服务中心、学校、文体广场、松山公园、老年公寓、烈士纪念堂、灯光球场、污水处理厂及村级组织活动场所等公共设施。项目总投资 2.7 亿元，其中村民住宅建设投入 1.2 亿元，公共设施建设投入 1.5 亿元。（见图 5.2）

图 5.2　东掌新村全貌

新居分配之前，村委先对全村住户进行房产登记；然后根据房屋结构、新旧程度、实际使用面积（含地窖、大门、厕所、猪圈等附属设施）统一作价，收归集体；分配新房时，再把各户核定的旧房价款抵顶新房价格，实行多退少补（全部旧房的最终实际折价和个人补交购房款合计 2654 万元）。

旧房的处理方案主要分为三种：（1）拆除多数老旧住宅，腾退出的宅基地用来填补历年修路、建矿占用的土地指标；（2）各自然村尚存的清代庙宇、门楼、塔院和古民居予以修缮保留；（3）将部分设施保存完好、能够代表本地建筑风格的旧民居进行翻修或异地重建，用搜集自村民家中的旧工具、旧农具、旧家具进行陈设布置，打造成豆腐坊、酒坊、油坊等传统手工作坊和具有乡土风情的民宿。这样一来，既保护和继承了传统民间信仰文化、民俗生产生活文化，又为搬入现代新居的村民保留了一块怀恋记忆、观瞻故土的所在；同时，还相当于在村庄内部范围内实现了建设用地的整合共享与"增减挂钩"。

第三节　村庄聚落重建后的治理成效

农村的社区化建设是加快城乡一体化步伐，改善乡村治理结构的重要举措。由于涉及农民切身利益，农村社区化建设的成功与否主要取决于村庄社会自身的内在动力，而决定内在动力强弱的关键因素则是村级自身经济能力和全体村民的参与程度。① 东掌新村之所以成功地实现了传统村庄的整合再生与聚落重建，正因为它具备了这两项前提条件：雄厚的集体经济实力，组织成员对村落共同体的高度认同感。而据我们的观察发现，如果没有一个组织协调能力突出的村支"两委"班子，就不可能实现这两大前提条件。基层政权对村庄的有效治理既是新农村建设的基础，也在村庄重建后各项事业的持续改善中得到进一步的印证和体现。

---

① 张秀吉. 农村社区化建设中的利益多元与治理——以齐河县农村合村并居为例［J］. 山东社会科学，2011（02）：86－90.

一、产业融合发展

对于新东掌来说，并居重建的首要目标是节约土地，其次便是建设一个以煤炭为带动的产业融合发展基地。土地的节约只要搬迁工作完成就自然而然地实现了，产业融合则需要正确的规划与实施。

东掌所在的上党区属于传统的煤炭资源型城市，经济形势常常因煤而兴、因煤而衰。作为高能耗、高污染行业，上至政府官员、下至普通百姓都清楚不可能永远靠着煤炭这棵大树乘一辈子凉，当地流传的一句话就很能说明问题："煤炭，今天离不了，明天靠不住，不转型死路一条。"因此，在做出"撤庄并村"决定的同时，东掌村"两委"就开始谋划新村的长远发展。为了摆脱对煤炭的严重依赖，制订了"种植养殖稳村、旅游观光兴村、对外投资强村"的产业调整思路，以及鼓励支持村民在非煤炭领域就业、创业的帮扶政策。具体措施有以下方面。

成立东掌九院种养合作联社，下设 11 个种养专业合作社，共吸收 120 户村民入社，流转土地 460 亩，采取"合作社＋基地＋农户"的方式，将全村土地统筹规划，分别用于种植粮食、花卉、经济作物或养殖土鸡、黑猪、孔雀等禽畜。又将乡村旅游业融入种植养殖业中，将传统的农事节庆与农耕体验结合起来，吸引城市居民参与其中。

图 5.3 东掌九院手工豆腐坊

图 5.4 东掌九院手工小粉坊

图5.5　东掌九院手工酸菜坊

　　成立山西秦皇台旅游开发有限公司，充分挖掘乡村传统文化和历史遗存，把保留翻修或异地重建的部分古宅院打造成为特色民宿以及七处传统手工作坊和一处乡绣手工艺坊。新建乡村记忆馆和大众书画院，为村民提供怀念观瞻旧时记忆的同时，也为外来游客提供体验传统乡村文化的渠道。(见图5.3～图5.6)

图5.6　东掌大众书画院

成立山西锦东投资有限公司（由村集体和村民共同筹集资金，其中村民持股比例约为 20%），对外投资金融业、机器制造业、仓储物流业和电商等产业，村集体和村民均获得了更多财产性收入。

通过东掌煤业间接投资成立山西锦东融城物业和山西锦东融兴物贸两家公司，分别负责整个东掌新村的物业管理和农副产品、粮油百货、各类土特产的贮存经销工作。

东掌新村正是在改造第一产业（传统农业）、加强第二产业（煤炭采掘）、拉动第三产业（文化、旅游、投资服务）的思路上，实现了产业的深度融合与价值链延长。2017 年 7 月，东掌村以其"休闲农业"特色旅游，被农业部认定为第七批"全国一村一品示范村镇"。[①]

二、生态环境良好

东掌村地处太行山西麓，地理位置偏僻，山高林茂，尽管农业开发的历史悠久，但植被并未遭到严重的破坏。然而，煤炭规模化采掘引发的地下水位下降以及煤炭的洗选等高污染行业仍对周边环境造成了很大的影响。

2004 年煤矿收归集体后，东掌村把生态文明建设摆在极其重要的位置。2007 年，按照山西省环境保护局《关于开展创建生态村活动的通知》的要求，村支"两委"组织编制了《山西省长治县东掌村生态村建设规划》，将全行政村划分为"复合生态功能区""生态农业发展区""生态保育功能区"和"生态工业区"四大区域，分别从改善村民居住环境、推进

---

① 中华人民共和国农业部. 农业部关于认定第七批全国一村一品示范村镇的通知：农经发〔2017〕5 号〔A/OL〕. 中华人民共和国农业部官网，2017–07–18.

绿色农业生产、保护生态经济林木、开发煤炭清洁生产几个方面入手，进行生态环境的整体规划与保护。与此同时，东掌煤业也编制了《东掌煤业生态环境恢复治理可行性研究报告》，充分利用每吨煤提取 10 元的环境恢复保证金。截至 2015 年，共投入资金 5000 万元用于环境恢复与治理，根治了因煤炭采掘造成的地表塌陷和山体滑坡隐患，极大地改善了矿山生产区的工作环境和居民生活区的生活环境。经过环境整治与提升，2008 年，东掌村被山西省环境保护局授予"山西省生态文明村"称号；2015 年，在新农村建设"国"字号荣誉评选中，东掌村又成功入选了"国家级生态村"。

三、文化成果突出

东掌村所在的南宋乡属于上党区南部四大古镇群之一，本村范围内的清代庙宇、戏台、民居等古建筑也别具特色，拥有很高的历史研究和欣赏价值。村支"两委"班子在引导村民继承和保护古建物质文化、民间信仰文化、传统民俗文化的基础上，特别注重以文化人、以文养德，强调自治、法治、德治的治村理念。当村民的生活水平普遍达小康以后，村庄的管理者们意识到提升精神文明的重要性。新村重建过程中，村支"两委"便主持制定了《东掌村村规民约》，并先后三次进行修订完善，大到政治思想，小到家庭琐事，涉及生产生活中的方方面面，采用正面奖励和负面教育相结合的办法，使之成为村民们自觉遵守的行为准则。同时，为了更好地宣传中华民族优秀传统文化和红色革命文化，在新村的中心位置专门修建了主题广场，选编了《中国传统文化经典选读》的村民学习普及读本，并于每年夏季举办"诗歌朗诵大会"和"诗词大会"，鼓励本村村民和外来游客踊跃参加。2018 年 8 月，东掌村以"全国民主法治示范村""山西省文明和谐村"的优异称号，及"三治融合"的村庄治理创新经验，成为长治县学习推广"枫桥经验"先进典型村。

四、居民生活富足

从心理学意义上说，人们向往和比较的对象往往正是他的奋斗目标和理想状况，因此，用"比城里人过得还好"来形容村民的生活，当然是足以令其感到自豪的高度赞誉。东掌村村民丰富的文化生活，正是建立在富足的物质生活基础上的。作为集体经济组织的成员，每一名东掌村村民都能享受到的物质权利至少包括以下方面。

（一）就业保障

东掌村有个不成文的规定，凡是 65 周岁以下的东掌人，只要身体健康、自愿劳动，就可以根据他的能力、特长，在村庄投资的各类集体经济组织（煤矿、旅游公司、种养专业合作社、手工作坊或手工艺坊等）中找到一个适合的工作岗位，年平均工资收入达 3 万元，真正实现了"离土不离乡，就业不离家"。

（二）股份分红

煤矿收归集体后，东掌村便开始推行股份制平台化经营。首先设定动态股，每位村民向煤矿投资 1 万元成为股东，当年年底红利发放完毕后，再根据婚丧嫁娶导致的人口增减变动情况重新计算、登记股份，保证了集体收益的公平分配。所谓"户户能分利，人人是股东；资源归集体，共富领新风"。截至 2016 年末，东掌煤业对村民投资的"原始股"，每股分红累计已达 5.45 万元。这项举措既为煤矿的设备升级和技术改造提供了资金，又增加了村民财产性收入和当家做主的责任心。2018 年 8 月，东掌村集体经济产权制度改革基本完成后，东掌村股份经济联合社将其全部股权设置为"人口股""农龄股"和"原始股"三部分，联合社的所有经营性资产折股量化到人，不再实行动态变化。①

（三）各类福利

伴随集体经济的不断壮大，组织成员得到的实惠越来越多。据不完全统计，村民们可享受的福利包括但不限于以下几种。

（1）福利性住房。新村重建后，每户居民都能够以远低于市场的价格购买新建的独院别墅（10 万元）或单元楼房（采用自选与抓阄相结合的办法分配楼层，价格 4 ~ 7 万元）；由于收归集体的旧房还可折抵新房价格，每户的实际支付款项更低。

（2）实物性福利。每逢春节、元宵、端午、中秋等传统重要节假日，村民都能按人头领取购物卡和米面、菜蔬、副食等生活日用品。

（3）公共产品和服务。新村的水、电、暖、燃气早期全部免费供给，后出于不限量使用易导致浪费的考虑，电费、燃气费改为按人头定额补助，自来水和集中供暖继续免费。

（4）社会保险。东掌村于 2009 年被确定为长治县新型农村社会养老保险制度试点村。村委按照个人缴纳与集体缴纳 1∶1 的比例为全村 16 ~ 59 周岁的村民（在校学生、已参加企业养老保险人员除外）交纳"新农保"，其中低保户、困难户、独生子女户不计个人缴费金额，由集体全额

---

① 注：凡是具有东掌村集体经济组织成员身份的村民，自动拥有"人口股"和"农龄股"，而村民当初对东掌煤业每人投资 1 万元形成的动态投资股，改称"原始股"。具体的股权设置方案及量化办法，详见本章附录 2《长治县南宋乡东掌村股份经济联合社章程》，2018 年 7 月 22 日定稿。

补贴。

（5）养老救助与补贴。每位 60 周岁以上的老人，每年做一次免费体检，每人每月可享受分年龄段计发的养老金（60~69 周岁 200 元，70~79 周年 300 元，80 周岁以上 400 元）；此外，70 周岁以上的高龄老人每年生日可领取按年龄段计发的祝寿礼金（70~74 周岁 300 元，75~79 周岁 500 元，80~84 周岁 1000 元，85~89 周岁 2000 元，90 周岁以上 5000 元）。

（6）文化教育奖补。村委除为本村"育新小学"提供国家财政拨款之外的村拨经费外，下属企业或各类集体经济组织还定期不定期地向学校和教职工提供各种捐款、奖金、补助、福利。另外，每年均为从小学至大学阶段的本村学生提供 2000~10000 元的奖学金；同时还规定，子女在各类高等院校（含职业技术学院）就读的，如毕业后愿意回村工作，根据其学历、所学专业提供不同的重点岗位优先安排就业。

（7）其他。如从 2007 年起，每三年组织一次村民（每户 1~2 人）的免费旅游等。

五、村庄治理有效

马克思在《哲学的贫困》中写道："消灭城乡间的对立是社会统一的首要条件。""城乡关系的面貌一改变，整个社会的面貌也跟着改变。"[①] 从东掌新村的实际情况来看，聚落重建工作全面完成以后，村庄的产业结构、生态环境、村民生活、公益事业、文化生活均得到巨大改善，村民与一般城市居民在物质条件和文化生活方面的城乡差别，几乎已不复存在，

---

① 中共中央马克思格斯列宁斯大林著作编译局. 马克思恩格斯选集（第 1 卷）[M].
北京：人民出版社，1995：157.

甚至更胜一筹。这一切，都离不开集体经济支持下，以党组织为核心的基层政权对村庄的统筹建设和有效治理。东掌村"两委"对村庄聚落重建前后的治理手段，从外到内可分为三层，如图 5.7 所示。

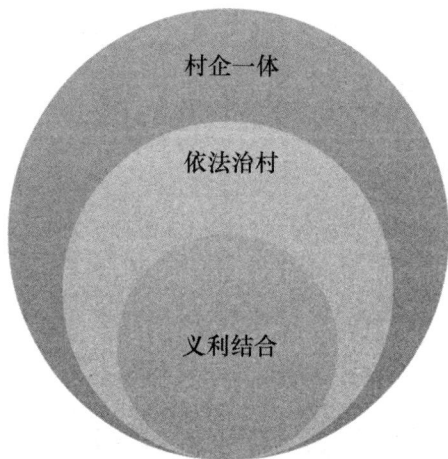

村企一体

依法治村

义利结合

图 5.7　东掌村的三层治理手段

（一）村企合一的组织模式

东掌村的组织构成与运行模式相当于"村企一体化"。具体表现在村党支部书记、支委、村委会主任、副主任等党政主要负责人同时在东掌煤业和其他集体经济组织中担任重要职务；形成一个或几个强有力的能人在村支"两委"和企业中交叉任职，同时支配村庄公共权力和主导经营所属企业，使得村庄与企业合二为一，互相促进，实现村企共同发展。[①] 不过，为了避免村庄受煤炭经济的影响过深，近几年来，除个别成员外，村支"两委"的主要负责人多数已不在煤业公司担任职务，而是转而在村庄投

---

① 徐光平．"十二五"时期协调推进新型城镇化与新农村建设研究［J］．东岳论丛，2011，32（08）：156 - 160.

资的其他非煤炭企业或集体经济组织中任职，或者完全摆脱企业工作的羁绊，专心从事村政事务的管理。在此基础上，青年、妇女、老龄、工会等相关组织也都实现了从无到有、从弱到强，队伍建设得到了迅猛的发展。

（二）依法治村的制度建设

东掌村坚持"依法治村"，把村庄的各项事务纳入法制管理的轨道。这里的"法"不仅代表国家的法律法规、政府的方针政策、地方或部门的行政规章等，还包括村支"两委"根据本村实际制订的《东掌村村规民约》《东掌村股份经济联合社章程》《东掌村集体经济组织成员确认办法》等具体的管理制度，以及多项行之有效的实施方案。

（1）成立民主监督小组。民主监督小组成员由本村有威望的老干部、老党员、村民代表组成，并注意吸纳有财务专长和经验的村民。所有成员须经全体村民民主选举产生，且村干部亲属不得担任①，从根源上保证了监督小组的审核权、纠正权和评议权。

（2）党务、村务、财务三公开。要根据村民的意愿确定必须公开的内容和程序，然后采用固定布告栏、意见箱等公开的形式，按照规定公开的时间和次数，交由民主监督小组审核后，向全体村民公布。

（3）民主评议村干部。每年年初公布村干部的村务责任，年底召开村民代表大会，民主评议村干部这一年的工作情况。每位村干部都要进行个人述职，由村民代表对他们的思想政治、廉洁纪律、工作业绩等方面打分，最后将评议结果公之于众。评议结果还要与干部的工资、奖金、职位

---

① 注：村干部的亲属主要包括直系血亲（如父母、子女、祖父母、孙子女、兄弟姐妹等），三代以内的旁系血亲（如伯父、叔父、舅父、姑母、姨母、堂兄弟、表姐妹等），近姻亲（如婶娘、舅母、姑父、姨父、姐夫、嫂子等）。

升迁相挂钩。

（4）重大决策充分咨询。为避免盲目决策，保证集体资产保值增值，对涉及全体村民利益的重大事项（如重要建设项目的立项、承包、经营管理等），都要从外面聘请专家和技术团队，科学地论证决策方案的可行性，同时积极听取民主监督小组和村民代表的意见。

（5）健全村级档案管理。档案管理既是落实管理规范化的手段，也是留给今后工作的依据和财富。从2003年起，东掌村就建立了高标准档案室，各种档案从立卷、归档、查阅都有专人负责，做到了"事事有记载、样样有统计、件件有着落，卷卷有保管"。

（三）义利结合的激励机制

在建立了完善的基层党组织领导下的村民自治制度及其相关具体实施细则后，为了能够在全体村民中推广开来，东掌村"两委"采用了多种形式对村民开展法制宣传和文明村民教育；同时积极倡导和组织读书学习活动，规定年龄在18～50周岁的村民，必须参加集体举办的各类培训，每月学习时间不少于6小时。学习内容包括法律基础、村规民约、农业科技常识、实用就业技能、妇女手工技能等。

为进一步使法律法规和"村规民约"内化于心、外化与行，成为全体村民自觉遵守的行为规范，村委会还将各项规章制度的执行情况与村民的集体红利相挂钩，做到了"喻以利"和"喻以义"相结合，形成了"明法→遵法→靠法"的良性循环。村民们自觉守法、遇事找法、解决问题靠法，如果遇到个别村民的不合理诉求，村委会就组织召开由当事人和村民代表共同参加的矛盾纠纷调解会，摆一摆国法和家法，辩一辩合法性与合理性，让当事人心服口服。

从东掌村的经验来看，村庄聚落重建和村民集中居住并不是简单地拆旧村、建新村，它是一项产业经济、生态环境、精神文化、物质生活、综合治理五位一体的系统工程。这项工程以集体经济的支持为基石，以基层党组织和村民委员会的有效综合治理为抓手，将五条脉络拧成一股绳，互相促进，取长补短，最终便可产生 1＋1＋1＋1＋1＞5 的协同效应。

第四节　集体经济组织运行机制的不足与隐患

东掌村的聚落重建，是在强有力的集体经济支持下，依靠村民的群体认同感和村支"两委"的优秀组织能力来实现的，不过，在这样一个高效的治理结构中，仍不可避免地存在着若干内部控制缺陷。

一、能人治村的先天不足

"村企合一"组织模式的一个重要特点，是村庄的执政者一般都会同时担任企业的主要管理者，以便于充分整合、协调利用村庄与企业的各项资源。在这类村企交叉任职的"能人"们的带领下，集体经济水平迅速提高，村庄与企业的实力大大增强，于是能人们自然而然就拥有了"卡里斯马（charisma）"型权威。[1] 他们既在村庄的公共事务决策中享有极高的地位，也掌握着集体企业的大部分管理资源。这一点，在中国农村的组织建

---

① 注："卡里斯马"是早期基督教的一个概念，原意为"神圣的天赋"，指超凡人物常常得到神的眷顾，后引申为具有非凡个人魅力的领袖。德国社会学家马克斯·韦伯在其代表作《经济与社会》一书中，首次用它来指代权威的一种类型。

设和能人治村实践中体现得现当明显。然而，此类高度依赖于"能人"的治理模式存在两大先天隐患：一是把村庄和企业的发展前途与个人的权威捆绑在一起，相当于让整个集体承担了极少数人的道德风险；二是在以往的成就光环照耀下，村民们很容易将"能人"的作用神化，这会令"能人"对自己的本领越来越充满信心，一旦遇到大的政策变化、产业调整、市场波动，或者需要对企业的多元化方向进行选择，仅仅凭借过去的经验和盲目的自信，出现判断失误和决策失败几乎是迟早的事。

二、集体经济组织运行机制中的后天隐患

（一）产权归属模糊不清

东掌新村建成后，村民以自愿申报和抓阄相结合的方式，选择购买了独院别墅（实付款 10 万元）或单元楼房（按不同楼层实付款 4 ~ 7 万元）。在住房的产权归属问题上，村民与村委会的意见并不完全相同。村民们的代表性意见是：村庄撤并时，各家的宅基地全部收归了集体，旧房（不管拆除还是保留）也统统折价抵顶了新房价格。既然新房是用宅基地和原本属于自家的旧房加上补交的差价换来的，每家每户当然应该拥有新房的所有权。村委会则认为：宅基地的所有权本来就属于集体，村集体在必要时有权收回其使用权，而新房的支付价格不仅远低于市场价，事实上连成本价也达不到（独院别墅造价 30 余万元、单元楼房平均造价 10 万元），全部旧房的最终折价和个人补交购房款合计仅占住宅建设总投资的 22%；村民购房本质上属于福利分房，因此农户实际只拥有房屋的使用权。

（二）高负债形成的财务风险

在东掌新村建设过程中，佛光寺、南海观音寺和道路修筑、绿化亮

化、污水处理厂等公共基础设施名义上由村委会出资1.3亿元建成，但实际款项是由东掌煤业代付的；村级组织活动场所（村支"两委"办公楼）、文体广场、松山公园、灯光球场等公益性设施，则由东掌煤业直接出资3000余万元建成。理论上，这些公共基础设施和公益性设施的建设用地归村集体所有，地面建筑物及附属物则应归东掌煤业所有；截至目前，对于上述设施的产权归属尚未依法以书面协议的形式确定下来。也就是说，以上总投资约1.6亿元的公共基础设施和公益性设施，在不可预知的未来，极有可能在产权问题上与东掌煤业产生争议，或者形成对东掌煤业的高负债，从而引发较大规模的财务风险。

东掌村股份经济联合社的经营收益和投资收益，是本村集体经济组织成员福利待遇的来源，联合社（村委会）的资产则是计算收益的基础。在东掌村清产核资过程中暴露出的联合社（村委会）与村民个人、东掌煤业之间的产权归属与负债纠葛，涉及国有资产、集体资产、私有财产三方的复杂关系，因此，明晰产权、理清责任，方能在符合法律的前提下实现国家、集体、个人三者利益的动态平衡。

第五节　东掌模式的经验性总结

中国的传统村落是由在一起开展生产和共同生活的村民构成的远离国家与城镇的乡土空间。村庄的自给自足不仅反映在生产生活上，甚至多数公共问题一般都不需要依赖外在的国家、市场等力量，便能够运用自身的资源、通过自身的秩序维持系统来加以解决。如果这一秩序维持系统中的部分环节受损且又无法在所处的社会生态中得到及时修复，村落的自主性便难以维持下去。从这个意义上说，随着工业化和现代化的全面扩张，村庄的社会主体地位一定越来越弱化，并最终被城市所取代，村庄的物质财富、人力资源和社会网络将逐步转移至城市。因此，如果仅仅出于对传统村落的诗意想象和情感留恋，试图阻止现代工业文明对于村庄的侵蚀，以挽救处于整体性衰败的乡村和乡村文化，既不现实，也不符合社会发展的一般规律。① 我们对此与其哀叹，不如采取更为理性的态度：在承认乡村衰败趋势总体上难以改变的前提下，通过有效的治理，村落是否可以在新的条件下焕发生命活力？

2018 年 9 月 26 日，中共中央、国务院正式印发《乡村振兴战略规划（2018 - 2022 年）》（以下简称《规划》），并根据发展现状、区位条件、资源禀赋等因素，将我国村庄划分为集聚提升类、城郊融合类、特色保护类和搬迁撤并类四种。从全国整体情况来看，《规划》中对于村庄的分类是符合国情的。这一点，在实地调研过程中也得到了证实。不过，《规划》毕竟属于国家一级的纲领性文件，不可能也没必要对各地的具体情况做出太过详尽的描述。况且之所以将村庄分类，只是为了强调应按不同的思路分类推进乡村振兴，反对"一刀切"式的做法。如果放眼各地，村庄的类别一定比《规划》所列复杂得多。拿本节所介绍的东掌村来说，从地理位置、人口规模上看，它属于集聚提升型；从它拥有的文化特色和旅游资源来看，当属特色保护类；同时它又是把周边零落分散的六个自然村整合改造后，在原村旧址附近新建的农民集中居住区。

---

① 刘伟 . 论村落自主性的形成机制与演变逻辑［J］. 复旦学报（社会科学版），2009（03）：133 - 140.

总之，我们可将东掌村的实践经验概括为五个方面：煤炭为主、产业多元的集体经济是村庄治理的物质基础，亦城亦乡的生活环境是农户家庭的宜居条件，细化的《村规民约》及相关章程、办法是制度保障，村民的就近就业与福利待遇是稳定前提，高效的治理措施则是确保上述一切得到落实的具体手段。这与党的十九大报告中提出的"产业兴旺、生态宜居、乡风文明、治理有效、生活富裕"五大乡村振兴战略的总要求不谋而合。从这个角度来看，把东掌村的村庄聚落重建当作国家乡村振兴战略在微观层面的前瞻性实验，也未尝不可。

附录1

长治县南宋乡东掌村集体经济组织成员身份确认办法

为了适应农村集体产权制度改革的要求，规范村集体经济组织成员管理，保护村集体经济组织及成员的合法权益，根据《中共中央国务院关于稳步推进农村集体产权制度改革的意见》《山西省推进农村集体产权制度改革实施方案》《长治县农村集体经济组织成员身份确认指导意见》等法律法规政策，结合我村人口调查摸底情况，现制定本村集体经济组织成员身份初步确认办法。

第一条　村集体经济组织成员身份确认必须坚持依法依规、尊重历史、兼顾现实、程序规范、群众认可的原则。

第二条　成员身份的确认主体是村集体经济组织，成员身份确认的基准日为2017年12月31日24时。

第三条　依法登记为本集体经济组织所在地农业常住户口，取得本集体经济组织成员身份，本办法另有规定的除外。

第四条　婚姻关系变更的成员具备下列情形之一的，取得本集体经济组织成员身份。

（一）本村村民因合法婚姻关系嫁出、赘出的，户口未迁出本村且未取得配偶方集体经济组织成员身份的；

（二）本村村民因合法婚姻嫁出、赘出，离异或丧偶后将户口迁回本村居住生活且未取得原配偶方集体经济组织成员身份的；

（三）因与本村村民有合法婚姻关系嫁入、赘入的，户口已迁入本村且未取得原迁出地集体经济组织成员身份的。

本村村民是指依法登记为本集体经济组织所在地农业常住户口的人员。

第五条　具有下列特殊情形之一的，可取得本集体经济组织成员身份。

（一）2017年12月31日前出生，父母双方或一方具有成员身份，但未上户口的新生人口；

（二）本集体经济组织成员收养的且形成事实上的抚养与被抚养关系的人员；

（三）其他依据法律法规和政策应当确认为本集体经济组织成员身份的人员。

第六条　下列原户籍在本村的人员保留其本集体经济组织成员身份。

（一）现役士兵或初级士官；

（二）大中专院校在校大学生；

（三）正在服刑人员；

（四）其他依照法律法规应当保留成员身份的人员。

第七条 具有下列情形之一的，丧失本集体经济组织成员身份。

（一）自然死亡或宣告死亡的；

（二）已取得其他集体经济组织成员身份的；

（三）基准日前从本村迁出户口的；

（四）本人以书面形式自愿申请放弃本集体经济组织成员身份的。

第八条 被确认为本集体经济组织成员身份的，享有本集体经济组织的股份分红权利，但成员的具体股份份额区别不同情况另行确定。

第九条 本办法仅适用于对集体经济组织成员身份的确认，不影响《东掌村村规民约》的效力。

第十条 本办法经村民代表会议决议，获得三分之二以上代表同意，并经公示后生效。

同意代表签字确认：

东掌村村民委员会

二〇一八年五月二十五日

附录2

长治县南宋乡东掌村股份经济联合社章程（部分）

第一章 总则

第一条 为稳定和完善以家庭承包经营为基础、统分结合的双层经营体制，促进本社集体经济发展，维护和保障全体成员的合法权益，根据我国农村集体经济组织管理的有关法律法规和政策规定，结合本社实际，制定本章程。

第二条　本社名称：长治县南宋乡东掌村股份经济联合社。

第三条　本社是在农村双层经营体制下，以本行政村区域为范围、集体所有、合作经营、民主管理、服务成员的农村集体经济组织。

第四条　本社依法代表全体成员行使集体财产所有权，承担资源开发与利用、资产经营与管理、生产发展与服务、财务管理与分配等职能，实行自主经营、独立核算。具体职责为：（略）。

第五条　本社在南宋乡党委和东掌村党总支领导下，在法律法规和政策范围内开展经济活动，并接受南宋乡人民政府和县农经管理中心的指导和监督。

第二章　成员

第六条　成员资格确认依据遵循"尊重历史、照顾现实、程序规范、群众认可"的原则。

第七条　2017 年 12 月 31 日为本社成员资格确认基准日。经确认，本社共育成员××××名。

第八条　依法登记为本集体经济组织所在地农业常住户口，取得本集体经济组织成员资格，本办法另有规定的除外。

第九条至第十五条（略）

第三章　股份设置与管理

第十六条　本社遵循公平、公正、公开的原则，将经营性资产实行折股量化，变集体资产共同共有为按份所有，主成员为股东，建立归属清晰、权责明确、保护严格、流转顺畅的现代产权制度。

第十七条　本社的资产包括。

（一）集体所有的土地、森林、山岭、荒地、滩涂等资源性资产；

（二）用于经营的房屋、建筑物、机械设备、工具器具、农业基础设施等经营性资产；

（三）用于农村教育、科技、文化、卫生、体育等公益事业的非经营性资产。

第十八条　本社清产核资基准日为2017年12月31日，本次产权制度改革清产核资结果如下。（略）

第十九条　本社可量化经营性资产金额全部按成员股股份数量化到个人，不设集体股。本社股份设置只设成员股，不设集体股，成员股由原始股、人口股、农龄股三种股份组成，原始股、人口股、农龄股分别占总成员股的60%、20%、20%。

根据清产核资确定的可量化经营性资产为总股本，按照经过确认的成员数，折成等额股份。

第二十条　折股量化享有对象包括：

（一）本社成员为本联合社经营性资产的折股量化的享有对象。详细名单以《本村集体经济组织成员清册》为准。

（二）本联合社的经营性资产为本次集体产权制度改革的折股量化对象，具体计算可根据成员享有的股份进行折股量化。

第二十一条　人口股按以下方式确定。

凡在改革基准日（2017年12月31日）被确认为本社的成员，按以下方式确定人口股：

（一）每个成员享有10股人口股，在册成员××××人，计×××××股。

（二）到目前为止，领证且尚未生二孩的独生子女的本社成员家庭每户在以上基础上奖励一份人口股，即10股。共××户，计×××股。

（三）非成员的在校大学生×人，奖励一份人口股，计××股。

以上三项，总人口股共计××××股。

第二十二条　农龄股按以下方式确定。

（一）凡在改革基准日（2017年12月31日）被确认为本社的成员的，均可享有农龄股（本方案另有规定的除外）。农龄股股份份额的多少由成员的农龄决定。

（二）农龄统计年限从16周岁起至60周岁止，不足半年的按0.5年计算，超过半年不足1年的按1年计算。义务兵军龄、大中专院校学生学龄可计算为农龄。

（三）户口未迁出的嫁出等类人口××人，不享有农龄股。

（四）非成员的在校大学生×人，奖励一份农龄股，享有农龄股。

综上，享有农龄股的人口为××××－××＋×＝××××人

第二十三条　原始股按以下方式确定。

股改基准日前应入原始股人口为×××人，实际入原始股人口×××人，尚有×人未入。已经入股的村民享有原始股（其中包括非成员在校大学生×名），没有入股的村民丧失享有原始股的权利。

第二十四条　本社股份管理实行"生不增、死不减，入不增、出不减"的静态管理模式，确权到人，发证到户，户内共享。

第二十五条　股份变更。（略）

第二十六条 本社今后如需增资扩股，由理事会提交方案，经股东代表会议表决通过后实施。

第二十七条 本社以户为单位向成员出具股份证书，作为成员占有集体资产股份、参与管理决策、享有收益分配的有效凭证。股份证书不得伪造、涂改、出租、出借、抵押、转让、出卖和擅自复制。如股份证书的有关内容发生变更，应在一个月内到本社理事会办理变更手续。如有遗失或损毁，应及时向本社理事会报失并申请补发。

第四章 股东的权利与义务（略）

第五章 组织机构（略）

第六章 资产经营与管理（略）

第七章 财务管理与收益分配（略）

第八章 附则

第六十四条 本章程经南宋乡东掌村股份经济联合社第一次股东大会于2018年×月×日审议通过，自通过之日起生效，并报送南宋乡人民政府备案。

第六十五条 修改本章程，必须由理事会、1/3股东代表或者1/10以上有选举权的成员联名提出书面修改意见，经股东代表会议讨论同意后生效。

第六十六条 本章程在执行中若与有关法律、法规、规章及政策抵触时，以法律、法规、规章及政策的规定为准，并依照有关法律、法规、规章及政策的要求进行修改。

第六十七条 本章程由本社理事会负责解释。

后记：从"谐音梗"和中国人的种地天赋谈起

在互联网的各大社交圈里，各种"梗"经常泛滥成灾。其中，"谐音梗"大概是最容易流行、最便于记忆和理解的一类了。不过，"谐音梗"在一些从事语言文字研究的专家学者眼中，是不入流的，是难登大雅之堂的；有时，它还会被扣上"破坏语言文字严肃性和权威性"的大帽子供人批判。我倒是认为，"谐音梗"既不可怕也不可憎，它与许多流传了千百年的歇后语，如"孔夫子搬家——净是书（输）""外甥打灯笼——照舅（旧）""小葱拌豆腐——一青（清）二白"等，实属一本之木。没准儿，今天的某些"谐音梗"也能像它们的老祖宗一样，流传个几百上千年哩！

说到这里，可能有读者要问："'谐音梗'和这本书的主题有关系吗？啰唆半天，你到底打算表达点儿啥？"其实，我想说的是，作为一个常年混迹于知乎、B 站、雪球的网络国民，本人直到今天才搞明白一个著名谐音梗——"种花家"的含义。一位学生笑话我："老师，你怎么连这都不知道？说出去真够丢人的！"瞧，我可不怕丢人，自己把这件事说出来了。

"种花家"一词，出自逆光飞行（本名林超）创作的中国近现代史普及漫画《那年那兔那些事儿》。这部漫画后来还被改编为同名爱国主义动

242

画，在多个网络平台播放。漫画和动画里的"种花家"即代表"中华家"，所谓"此生无悔入华夏，来生愿在种花家"。至于为什么把"中华家"称作"种花家"，我想，一来当然是取其发音近似，二来恐怕是在有意无意地强调着一个"种"字。

中国人的种地天赋实在是太太太太强大了！

在中国人的眼里，没有什么不能种，也没有什么种不成。冰封千里的南极，中国科考队员种出了番茄；沙漠连片的非洲，中国维和部队士兵种出了西瓜；至于国内的城市和村庄，就更别提了，谁家的阳台上、院落里，没有种过花花草草、葱姜蒜韭呢？用金灿荣教授的话说："我们本质上都是农民的后代，修理地球的能力无与伦比。"这话真没错，那些坐在一线城市 CBD 写字楼里的先生小姐们，任意挑出来一位，往上溯三代，应该都是土里刨食的农民吧。

农业，是中国的立国之本；农村，是中华文明的发源地；农民，是近代民主革命的主力军和当代改革开放的先行者。过去，我们靠着精耕细作的农业生产方式，将中华民族的血脉传承至今；现在，我们又靠着仅占全球 7% 的耕地，养活了世界五分之一的人口。"三农"事业的伟大意义，不言而喻。可是，大道理谁都懂，真正做起来，又有多少人打心眼儿里重视农业、心系农村、向往农民呢？

就拿一些地方的主政者来说吧，在中央持续强化重农强农信号的同时，他们却相中了农用耕地和农户宅基地这两块大蛋糕——先是大钻《土地管理法》中关于"占补平衡"规定的空子，以"先占后补""占多补少""占优补劣"等手段，占用了大量耕地；等到《城乡建设用地增减挂钩试点管理办法》出台后，又开始打着"撤村并居""合村并居"的旗号，把无数农民迁进城、赶上楼，再将空出的农户宅基地复垦为耕地，然后便可以在"此增彼减"的逻辑下将城市周边的优质耕地转化为建设用地了——土地财政的供给机制，便在于此。问题是，农户宅基地上几乎没有进行过任何耕作活动，结构紧实，肥力极低，还可能含有部分建筑垃圾，完全就是老百姓所说的"生土"。这些仅仅在面积上同等增加的"耕地"，和被减少的优质耕地具有可比性么？然而，地方政府及官员才不在乎这一点哩！就在今年夏天，山东多地的政府官员为了强行推进"合村并镇""合村并居"，软硬兼施、威逼利诱之手段无所不用其极，引得被拆迁村庄民怨沸腾，难道还不够看的吗？

　　我的这本小书，即是以山西省 S 县几个村庄的撤并搬迁、农民进城"上楼"事件为背景写出的。需要说明的是，作为国务院确定的全国 100 个重点产煤县之一，S 县工业、商业、服务业对国民经济的贡献度远远超过了农业。据该县政府官方网站的公开资料显示，2019 年，全县的地区生产总值（GDP）为 216.4 亿元；其中，农业生产总值为 7 亿元，仅占地区生产总值的 3%。这个数字，还达不到全国总水平的一半。① 因此，当地农民进城"上楼"无论对单个家庭的生计模式，还是对全县的经济总量及构成都没有造成太大的波动。此外，书中所述的几个村庄都属于避灾式搬迁，与"增减挂钩"和土地财政政策所导致的村庄拆迁，在动因、过程上均存在明显的差异。尽管如此，从村庄撤并的最终结果和"上楼"农民的感官体验来看，此二者并没有什么本质区别，同样都对农户及其成员的生产生活、社会交往、文化记忆、家庭关系产生了深远的影响。这一点，我

---

　　① 注：我国 2019 年的国内生产总值（GDP）为 990865 亿元，其中农业总产值为 70467 亿元，占全国 GDP 的 7.1%。

们不能不加以重视，不能不有所作为。

因为，乡土乡土，没有"土"，何来"乡"？村民村民，离开"村"，可算"村民"？农业农业，当土地与乡村都已失去，只剩下工厂流水线般的"产业"，作为立国之本的农耕文明，还能给我们留下多少可资回味的东西？

是为记。

作者
2020 年 10 月